du tic au tact

©Éditions du Club Québec Loisir Inc.
Avec l'autorisation des Éditions Internationales Alain Stanké.
©Éditions Internationales Alain Stanké, 1995.

Dépôt légal, Bibliothèque nationale du Québec, 1996.

ISBN Q.L. 2-89430-205-3
ISBN Éditions Internationales Alain Stanké 2-7604-0503-6

LOUISE MASSON

du tic au tact

Préface d'Andrée Lachapelle

Illustrations de Pijet

À Philip et Aka, mes fils, dont le directeur de collège a déclaré qu'ils étaient «*refreshingly polite*».

Préface

La civilité n'est pas l'apanage d'un certain statut social. On attribue souvent à la richesse des vertus qu'elle ne peut donner. Le respect des autres, la délicatesse, le tact correspondent davantage à une élégance du cœur et de l'esprit, à une certaine conception de la vie.

Savoir se conduire en société sans être maniéré, savoir se taire au bon moment, se tirer avec charme d'une situation compromettante s'apprend par une observation et une sorte d'empathie pour autrui.

Malheureusement, notre rythme, le besoin de réussite et de possession font souvent oublier les manières les plus élémentaires pour évoluer en harmonie avec la société. Que de maladresses, de heurts évités par un simple sourire, un regard de complicité. Apprendre à regarder, à écouter, à s'oublier ouvre la porte à une communication intense avec l'essentiel. C'est un art que chacun peut pratiquer, une grâce qui rend sensible à tout ce qui est beau, à tout ce qui élève l'esprit.

Ce livre est une source de réflexions sur nos bonnes et mauvaises habitudes. Ses conseils, transmis avec humour, permettront d'affronter avec simplicité et bonheur diverses situations délicates.

ANDRÉE LACHAPELLE,
comédienne

Communiqué spécial

Chaque aventure est un défi. Celle-ci était de taille puisque j'ai entrepris d'écrire mon premier livre à un âge vénérable.

Je dois presque entièrement l'exercice de ma dernière profession à Sonora Pagé, mon amie de toujours. Elle a été d'une inspiration soutenue et son silence, toujours approprié, a été aussi éloquent que ses bonnes paroles. Son mari Renaud, un homme universel, un homme de cœur dans tous les sens du terme, m'a appris la tolérance et la politesse de l'humeur.

À mon éminence grise, mon ministre occulte qui préfère à ce titre la discrétion de l'ombre, merci de m'avoir sans cesse encouragée dans ce projet et de m'avoir drapée dans un climat de confiance nécessaire pour toucher au point final. Merci pour l'attention permanente, l'humour courtois et *tutti frutti*.

Aline Pagé est plus qu'une personne qui a passé dans ma vie. Elle est un personnage qui a traversé le XXe siècle avec une sérénité que même un lama bouddhique pourrait lui envier. Elle a remplacé une mère trop jeune disparue et m'a sans doute appris les premiers rudiments de la politesse. Elle est unique dans l'art de préparer et de servir le thé et sait créer pour l'âme qui l'approche une ambiance de joie.

Le charme et l'imagination toujours en action, Claire Bressani est celle qui m'a dit: «Présente!» et qui m'a lancé des bouées de sauvetage quand le besoin s'est fait sentir. Une femme exceptionnelle et guidée sans cesse par le «dieu du moment propice». Une femme dont l'enthousiasme éveillerait la conscience la plus endormie.

Renée Devirieux, toute compréhensive de l'urgence de ce livre, s'est exprimée de maintes façons sur son élaboration. Sa disponibilité et son efficacité m'ont beaucoup aidée.

«Plus une femme est occupée et plus elle est disponible.» Voilà une phrase applicable à Claude Bressani, qui a été généreuse en acceptant d'inverser les rôles, c'est-à-dire se laisser interviewer sur son métier: chasseur de têtes.

Pour compléter cette galerie de portraits presque totalement féminins, car l'étiquette, c'est souvent une affaire de femmes, il ne me manquait qu'une fille, celle que je n'ai jamais eue et qui s'est inventée, ma chère Josée Blanchette. Elle m'a tenu la main pour me montrer le chemin de l'édition en pensant, aidée de sa superbe fantaisie, qu'elle y emmenait une personne de talent. Elle y a cru, elle aussi.

À tous, merci.

L. M.

Avant-propos

Non! l'étiquette n'est pas le privilège des aristocrates ni l'apanage des riches. La courtoisie est une vertu démocratique qui assure l'ordre et le bien-être de la société dans laquelle on vit; elle est l'antidote de la violence et un stimulant pour l'esprit d'équipe en voie de disparition.

J'ai rencontré des paysans d'une noblesse à faire pâlir le porteur de nom à particules. Leur savoir-vivre était touchant et d'une grande beauté.

Les cannibales, les Papous, les Amazoniens ont leur étiquette. Pourquoi nous, Québécois, laisserions-nous la nôtre se perdre?

Il semblerait que le mot *étiquette* provienne de l'ancien français *estiquet* au XVe siècle, emprunté par les Anglais plus tard pour former le mot *ticket*, et qui était fort en usage et interprété comme billet de logement. Plus tard, il devait servir de droit d'entrée à la Cour royale. À Versailles, chez Louis XIV, ce droit d'entrée était traduit par l'expression *selon le ticket*.

La courtoisie est une valeur sociale accessible à tous ceux qui souhaitent améliorer leur qualité de vie, augmenter leur confiance en soi et, ainsi parés, offrir une image qui annonce leurs compétences professionnelles.

La véritable élégance ne se remarque pas. Pourquoi se faire remarquer par des faux pas? Des gestes agréables, une élégance sobre et une conversation habile sont des atouts maîtres pour réussir autant sa vie sociale que professionnelle. La carrière de trop de gens a été compromise par un manque de savoir-faire.

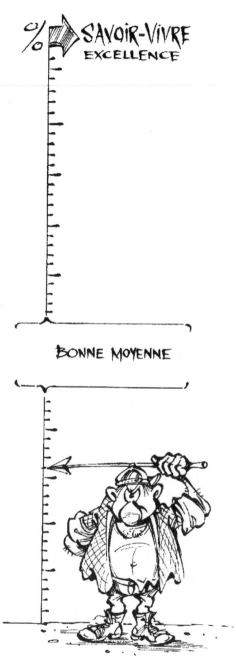

Ne compromettez pas la vôtre! Les manières à table sont les marques les plus visibles de l'éducation d'une personne et c'est pourquoi elles sont indispensables à la réussite sociale et professionnelle.

L'étiquette a considérablement changé depuis que les femmes occupent une place importante dans la société et dans le monde du travail. Aujourd'hui, la femme reçoit au restaurant, commande les vins, paie l'addition si elle le veut et peut porter un toast si son rang d'affaires le lui permet.

Si le Québec parle d'étendre son commerce et son économie à l'échelle internationale, il doit jouer à tout prix la carte de l'excellence et, pour cela, il faut que les négociations québécoises soient impeccables à la table internationale.

Aujourd'hui, ceux qui veulent ignorer les règles sont tentés de clamer haut et fort que tout cela est superflu ou ridicule. Avez-vous remarqué qui sont ces stentors? Probablement sont-ils de ceux avec qui vous n'aimeriez pas passer vos moments de loisir.

L'étiquette est au civisme ce que la grammaire est à la langue. Les bons orateurs, les grands plaideurs, les journalistes et les présentateurs compétents sont ceux pour qui la langue jaillit sans effort et avec fluidité. Ceux-là connaissent la grammaire qui leur confère l'aisance et le bonheur d'être écoutés.

Les personnes agréables à regarder, dont la présence est intemporelle, sont celles qui ont appris les règles qui font d'elles une catégorie de gens recherchée parce qu'elles savent doser.

Les bonnes manières sont l'antithèse du maniérisme. Elles créent une ambiance de confort, de générosité, de chaleur et de transparence.

— **À qui profite la courtoisie?**

— À toute personne ambitieuse de réussir sa vie.

— **À quoi sert l'étiquette?**

— Établir l'ordre (on n'entre pas à 10 personnes dans une porte);

— Penser logiquement;

— Avoir de la considération pour les autres;

— Créer une ambiance de confort social autour de soi;

— Respecter les opinions et les cultures qui ne sont pas les nôtres, et donc exercer sa tolérance;

— Voyager avec aisance;

— Découvrir la joie de l'entregent par la communication;

— Négocier avec art et efficacité;

— Établir les limites de sa liberté;

— Stimuler l'esprit d'équipe;

— Développer la tolérance universelle.

«Ils se sont baptisés ‹conseillers› ou ‹thérapeutes› et leur rôle est de nous dire comment nous vêtir, comment adopter des habitudes plus saines, comment élever nos enfants, comment dépenser notre argent, comment mener notre vie. Ils se flattent d'exercer un métier tout nouveau. Pourtant il y a belle lurette qu'ils existent. Seul leur nom a changé: il n'y a pas si longtemps, nous les appelions ‹maman›.» (*The Telegraph Journal*, Saint-Jean, Nouveau-Brunswick)

Le très contemporain San-Antonio se pose des questions: «Qu'est-ce que le savoir-vivre? Ne serait-ce pas plutôt un art qu'une science? L'art de la comédie humaine?

Une comédie que l'homme s'efforce de jouer avec plus ou moins de brio, son existence durant, afin de creuser un peu plus le minuscule fossé qui le sépare de l'animal.»

Le savoir-vivre est le plus intimidant (pour les autres) et le plus rassurant (pour soi) de tous les savoirs. Et le savoir libère.

L'AMITIÉ, UNE PLANTE FRAGILE

Un rare coup de cœur

« Un ami, c'est un frère que l'on choisit.» Cette affirmation est valable dans la mesure où elle associe plus l'amitié à l'amour fraternel qu'à l'amour filial et l'amour tout court. Un ami, un bon ami, un vrai ami, un meilleur ami, c'est un état qui doit rester au singulier; comme l'amoureux. On compte ses amants, ses maris peut-être, mais on dérange rarement le pluriel pour parler de l'ami.

Des amis, ce sont des frères illégitimes qui se respectent, s'écoutent, s'entraident et se font confiance. L'amitié est une relation sans conditions qui se nourrit de rien et s'enrichit de tout. Elle est toujours unique. Voilà sa force.

Simone Signoret disait: «Les vieux amis de toujours ne sont jamais de toujours. L'entrée en amitié ou en amour est datée.» L'important, ajouterai-je, c'est de faire durer l'amitié.

Les autres, ceux ou celles avec qui on aime parfois se trouver, constituent une collectivité proche et choisie: une petite société qui nous est agréable et parfois utile.

Selon Dale Carnegie, l'amitié se conquiert grâce à des comportements qui attirent des sympathies qu'il faut encourager et des pratiques qui permettent aux relations interpersonnelles de s'épanouir. Il pensait à la façon de se distinguer positivement des autres, au travail comme en société. Le taciturne Diogène ne nourrissait aucun goût pour le monde; quelle chance d'avoir trouvé ce tonneau!

Voyons ce que Carnegie propose pour agrandir le cercle d'amis:

— S'efforcer de considérer le point de vue de l'autre autant que le sien;

— Montrer de l'intérêt et de l'admiration pour les projets des autres;

— Être toujours souriant et amical dès le premier contact;

— Être disponible, se souvenir des noms et des propos échangés, pour montrer l'intérêt qu'ils ont su éveiller;

— Savoir écouter et encourager les autres à parler d'eux-mêmes;

— Maîtriser sa colère sur le terrain de la discussion et re-chercher des plages d'entente; atermoyer toute action agressive ou alarmante et laisser le temps réparer des paroles d'égare-ment;

— Respecter les goûts et les opinions de ceux qui les expri-ment sans les juger ni les condamner;

— Admettre ses torts quand ils sont reprochés ou excuser son adversaire si on a raison;

— Tenter de parler et d'agir positivement. Le mot *oui* est souvent le ciment de l'amitié;

— Accueillir favorablement les idées ou les désirs d'autrui.

Une fois le cercle d'amis formé, il est capital de tout mettre en œuvre pour les conserver. Sur le mont Athos, la montagne sainte (interdite aux femmes depuis 1060), où vivent 1 500 moines orthodoxes, les règles de l'amitié sont commandements.

Malheureusement, toutes les amitiés ne sont pas enveloppées de la même qualité exceptionnelle qui unissait Montaigne et La Boétie. Pour réussir, il semble que l'amitié doive se passer d'exi-gences restreintes. L'état civil, la vie professionnelle, le milieu familial respectif, l'âge, la santé physique et mentale, la position sociale, l'éducation, la culture, l'itinéraire parcouru sont autant de motifs qui rapprochent ou éloignent les individus. Hélas! souvent l'argent joue un rôle important dans le choix des amis. La raison mercantile devrait être tout à fait abstraite de ce contexte si délicat.

LA POLITESSE, CE CHEMIN FRÉQUENTÉ PAR LA DÉMOCRATIE

La courtoisie en famille

Au printemps de 1995, *Paris Match* recueillait les propos du premier ministre français d'alors, M. Edouard Balladur, notamment sur la démocratie vertueuse. Son sentiment à cet égard était que cette morale s'apprenait d'abord à la maison, dans la famille, à travers la télévision et selon l'air du temps. Il définissait la vertu comme étant l'usage responsable de la liberté envers les autres comme envers soi-même. Ah! de l'eau pour mon moulin.

Il continuait tout à fait dans ce sens en ajoutant que l'école pourrait être d'un puissant secours en imprégnant les esprits de la jeunesse, en apprenant l'éducation civique abandonnée depuis des années. Voilà que le phénomène s'étend jusqu'à la maison mère!

À l'égard des querelles de banlieue et de l'affrontement entre exclus et ceux qui ont un emploi, M. Balladur affirmait qu'il attachait une importance extrême au rôle que peut jouer la famille dans la cohésion morale et sociale. C'est au sein de celle-ci que les jeunes reçoivent leurs premières impressions sur la vie et qu'ils retirent l'essentiel de leur éducation.

Monsieur Balladur définissait une bonne morale comme étant le respect de la liberté des autres et le refus de croire que ceux qui détiennent la majorité et le pouvoir ont tous les droits. Le désordre engendre l'insécurité des démunis et fait disparaître justement leur liberté.

Je suis tout à fait d'accord avec les propos de M. Balladur. Je voudrais en développer le détail. Il est absolument vrai que la notion de démocratie prend racine dans la famille. De plus en plus, les pays dits industrialisés vivent le problème du logement et la crise économique qui n'en finit pas de perdurer nous empêche de voir les signes de prospérité s'épanouir, à commencer par ceux de la construction. Les architectes sont au repos forcé ou se recyclent dans d'autres professions, les entrepreneurs se contentent souvent de petits boulots et les grues sont presque absentes du paysage que nous offrait l'allure affairée de nos villes en plein essor. À l'espace habitable devenu restreint se greffe le chômage ravageur qui oblige les familles à s'agrandir, c'est-à-dire à reprendre les enfants devenus grands accompagnés cette fois d'un conjoint et de leur progéniture. L'image de la smala réunie commence à devenir familière en Occident.

Il serait normal de penser que nombreux sont les parents qui se réjouissent de voir leurs enfants réintégrer le nid familial mais cette euphorie est souvent de courte durée. La cohabitation devient un motif de nervosité collective. Les parents voient leur liberté menacée et leurs habitudes compromises et les enfants adultes sont irrités que leurs parents aient si peu de compréhension pour leurs vastes besoins de liberté et d'indépendance.

Dans le meilleur des mondes, lorsque des enfants adultes s'imposent à leurs parents, les deux générations devraient s'asseoir à la table de négociations pour s'entendre sur les «si», les «et» et les «mais» qu'ils devront conjuguer s'ils désirent leur cohabitation pacifique.

Le contrat devra toujours laisser des avenues ouvertes pour renégocier si l'une des parties devait se considérer lésée. Il est vital pour les parties de saisir l'importance capitale de toutes les règles et de toutes les responsabilités morales, affectives et financières qui établissent l'entente initiale, afin que chacun puisse respecter le mode de vie et la liberté de l'autre. Ceci est applicable aussi aux parents qui consentent à partager leur toit avec leurs enfants devenus si différents depuis l'âge adulte.

Avant de s'engager dans cette entreprise hasardeuse, certaines notions sont à déterminer:

— La contribution aux dépenses doit être discutée sur une base hebdomadaire, bimensuelle et mensuelle;

— La part qui revient aux parents sur le mode de l'entretien ménager comme le ménage, les courses, la cuisine, le transport, les ordures;

— La part des nouveau-venus quant aux réserves alimentaires;

— La part d'intimité qui revient à chacun. L'accès à la chambre à coucher, à la salle de bains, au courrier est un facteur essentiel à définir;

— La part de responsabilité et de jouissance des jeunes enfants à l'égard de la télévision, du magnétoscope, de la chaîne stéréo et du téléphone;

— La part réservée aux amis des nouveaux occupants. Définir le va-et-vient et les règles à observer;

— La part que peut s'octroyer la progéniture désireuse de redécorer ses nouveaux quartiers;

— La part d'espace du garage réservée aux voitures, motos et bicyclettes;

— La part d'hygiène et d'ordre auxquels la maison entière aura toujours droit (La cuisine sera étincelante, la salle de bains aura l'aspect d'une clinique, les chaussures de sport seront laissées à la porte et la lessive ne s'empilera pas dans un coin ou sur la machine à laver);

— La part de connaissance de tous les modes d'emploi donnant accès à toute la technologie de la maison;

— La part de chacun de répondre à la porte et au téléphone tout en prenant poliment les messages; d'obtenir la permission du propriétaire d'utiliser sa voiture et autres moyens de locomotion;

— La part de tous de remercier, de s'excuser, de féliciter, de rassurer, de consoler.

Les familles reconstituées vivent souvent de merveilleux moments d'amour, de solidarité et de compréhension. Malheureusement, il arrive aussi qu'elles soient contraintes à partager l'angoisse et l'irritation. Mais il appartient à chacun d'y mettre du sien pour que l'entente soit maintenue à son meilleur niveau et devienne une expérience enrichissante.

Jusqu'au milieu de ce siècle, il était coutumier de vivre avec ses grands-parents jusqu'à leur décès. Cet état de fait était normal et ne nécessitait pas d'arrangement ni de compromis officiel ou officieux. Prendre en charge ses parents devenus vieux relevait du cours normal de la vie. Même si leur présence pouvait parfois être gênante, on s'accommodait bien et la famille avait la puissance du clan. Les enfants se savaient observés et aimés; les règles de savoir-vivre et la sagesse des parents constituaient le ciment de ces nobles cathédrales. On s'apprenait mutuellement les beaux préceptes, on développait la solidarité et la compassion. On punissait la cupidité, l'envie et l'injustice qui encourageaient les mauvaises actions. On aimait simplement.

Après la Deuxième Guerre mondiale, à la suite de ce que les Américains appellent le *baby boom*, l'espace est devenu vital et chacun a cultivé un sens de plus en plus grand de son intimité et de ses droits. Les cliniques privées, les maisons de retraite, les centres d'accueil, de convalescence ou de réadaptation sont devenus la préoccupation première des services sociaux.

Aujourd'hui, à quelques années à peine du nouveau millénaire, les grands-parents bien casés regardent sans le croire de grands enfants qui décrochent de leurs études ou qui, prêts à entamer une carrière, se trouvent devant le colossal obstacle du chômage. Dans un monde où tout est à prévoir, qui l'eut cru? Nous sommes désormais réduits à l'exercice fréquent du contrôle de soi, à une contribution permanente à l'équilibre familial et, par conséquent, aux sacrifices.

Que faut-il apprendre aux enfants de la fin du XXe siècle qui vivent avec leurs grands-parents? Le respect et la déférence sont des vertus primordiales à développer.

— Il est indispensable que les jeunes attendent que leurs grands-parents soient les premiers à prendre place à table. C'est en effet l'endroit idéal pour apprendre ce qu'il leur sera obligatoire de savoir au bureau ou dans l'environnement de leur carrière;

— Les plats devront être d'abord présentés aux plus âgés. C'est à eux qu'il revient de se servir en premier;

— Les amis ou les invités des grands-parents bénéficient des mêmes égards lors de leur visite;

— Le volume de la chaîne stéréo, de la télévision ou du magnétoscope sera modéré;

— L'heure de la sieste sera respectée;

— Les messages téléphoniques et le courrier fermé leur seront fidèlement transmis;

— L'accès à leur chambre à coucher exigera leur permission;

— Leur participation aux conversations de la table est non seulement un geste de courtoisie auquel ils ont droit, mais sera bénéfique pour toute la famille;

— En cas de désaccord familial, il faudra à tout prix tenir les grands-parents à l'écart et ne pas leur faire prendre parti pour l'un ou l'autre membre de la famille;

— En retour, les grands-parents tâcheront de ne pas montrer de préférence pour aucun membre de leur progéniture;

— Si les grands-parents habitent chez leurs enfants, ils auront le droit d'avoir leur propre chambre à coucher et de la meubler comme bon leur semble de leurs effets personnels. Personne ne prendra l'initiative d'y entrer sans y être invité, ni d'ouvrir les tiroirs de leur commode, ni de lire leur courrier, ni de chercher de l'information à leur insu. Si, pour des raisons de santé, de droit ou de finance, il fallait fournir des renseignements dans leur intérêt, il faudra solliciter leur consentement;

— Les grands-parents ne seront pas considérés sans retenue comme des *baby-sitters* ou des domestiques. Ils offriront leurs services, qu'il conviendra d'accepter avec grâce et de ne pas tenir pour acquis. Il est évident que les grands-parents aiment qu'on leur laisse des responsabilités et qu'on partage les tâches domestiques avec eux. Ce qu'il faut comprendre ici, c'est qu'il ne faut pas abuser de leur présence en leur en imposant trop souvent sans les consulter. Quelle que soit leur contribution financière, ils ne seront pas jugés d'après leur écot. Ils sont là pour aimer et être aimés;

— Laissez-les contrôler leurs dépenses et manifester leurs désirs. Ils sont, en général, si modestes;

— Permettez-leur de recevoir leurs amis et d'organiser leurs parties de bridge, les mardis après-midi. S'ils doivent se rendre à leur club, prévoyez de les motoriser;

— Veillez à ce qu'ils soient conduits à l'église, chez le médecin, chez le coiffeur quand ils en formulent le souhait. S'ils sont sous traitement, assurez-vous que la prise de médicaments respecte la posologie;

— Faites abstraction de leurs petits défauts et empêchez-vous de critiquer leur baisse de mémoire et la répétition de leurs récits. Le temps viendra assez vite où vous serez dans la même situation. Surtout, ne vous moquez pas d'eux et ne les ridiculisez jamais;

— N'oubliez pas qu'ils tiennent à conserver leur dignité et ne souhaitent pas qu'on leur reproche de simplement exister;

— Dans le cas des personnes âgées dont l'état de santé se dégrade, offrez dans la mesure du possible l'aide supplémentaire à laquelle elles ont droit sans qu'elles aient à le demander, dans un mouvement de douceur et d'abnégation. Si la santé réduite devait requérir une surveillance permanente que la famille ne serait pas en mesure d'offrir, il faudra alors penser aux institutions spécialisées et préparer ce passage difficile avec d'infinies précautions psychologiques et ne montrer que tact et amour.

De leur côté, les personnes âgées devront:

— Attendre d'être invitées dans la chambre des jeunes avant d'y entrer;

— Éviter de critiquer l'attitude, les activités et la vie privée des jeunes;

— Accepter, sans se plaindre ni passer de commentaires désagréables, la nourriture servie et le style de vie de l'entourage;

— Garder leur chambre en ordre. Un exemple à donner en permanence à la jeune génération;

— Offrir leur aide le plus souvent possible pour des tâches qu'ils sont capables d'accomplir;

— Conserver leur port-folio pour eux le plus longtemps possible ou le confier à leur comptable ou à leur notaire. C'est un moyen discret d'éliminer les disputes familiales;

— Réserver des surprises agréables et offrir des petits cadeaux à l'occasion;

— S'éloigner discrètement lorsqu'une querelle éclate entre époux. Éviter surtout de prendre parti.

Les bonnes relations sont basées sur une attitude positive et constructive devant la vie. La famille est le noyau de la société.

Lorsqu'il nous est donné de rencontrer une famille reconstituée heureuse, il est permis de croire aux miracles car il s'agit bien d'un tour de force. Les familles modernes à dessins variables doivent redoubler d'ingéniosité, d'originalité, de délicatesse et d'abnégation soutenues pour réussir la difficile mosaïque qui leur incombe.

Les enfants respectifs d'un papa et d'une nouvelle maman ne sont pas tenus à la sympathie spontanée ni à l'harmonie parfaite. Les jeunes sont aussi sélectifs que leurs parents. Quand le cœur n'y est pas, l'amitié, la tendresse ou l'entente ne suivent pas automatiquement.

Un sage bien contemporain aurait dit que les deux métiers les plus exigeants au monde étaient ceux de prince consort et de belle-mère. Il y en a un troisième, l'autre belle-mère: la énième épouse du père. Un rôle que, pour l'avoir subi à l'envers, j'ai toujours refusé de jouer. J'ai jeté au néant quelques beaux partis qui m'offraient leur progéniture en prime.

Se retrouver la belle-fille (et non la bru) de la nouvelle épouse du père est souvent un rôle tragique. Il commande un constant désir de plaire à cette inconnue devenue si importante dans une maison qui lui appartient désormais. L'enfant devra brûler les étapes du jeune âge et mûrir très vite pour comprendre qu'il doit freiner ses exigences affectives envers le père qui est moins disponible à cet égard, qu'il doit s'adapter à cette nouvelle présence pas nécessairement désirée, que ses chagrins devront être imperceptibles et son amour muet.

La belle-mère aura la décence morale de ne pas afficher ses préférences pour certains des enfants et d'enrayer une méprisante indifférence envers d'autres. Elle sera consciente qu'elle retire aux enfants de son mari une grande part d'amour à laquelle ils n'auront plus droit. La nouvelle mère n'oubliera jamais qu'elle est entrée dans la maison existante d'une famille déjà constituée et que les enfants pourront continuer d'y vivre avec la même liberté et les mêmes droits qui étaient les leurs et ne seront pas considérés comme une partie du mobilier.

Tant d'ajustements sont à faire quand les adultes se remarient. Ils devraient ne jamais négliger les sensibilités de ceux qui existaient avant eux.

Dans ces conjonctures si amplement égoïstes, comme il devient supportable d'entendre grand-père faire claquer ses dentiers lors d'un match de hockey; grand-mère s'enquérir des raisons du retard de son gendre, la veille au soir; papa critiquer les résultats scolaires de son fils; maman reprocher à sa fille son maquillage outrancier; le fils rouspéter contre son acné envahissant; la fille hurler qu'on la laisse en paix lorsqu'elle accapare le téléphone pendant deux heures.

L'auteur du best-seller *Le Chemin le moins fréquenté*, Scott Peck, avance:

«Il semble que nous vivions dans une société qui a presque oublié ce que l'être humain a de magnifique. Il nous faut un remède. Et ce remède, c'est la civilité qui est une forme de comportement de guérison qui demande souvent une honnêteté douloureuse et une franchise incisive. La civilité, c'est notre case manquante! Un art de vivre qui nous permet d'évoluer au contact des autres, et surtout dans nos frictions avec les autres.»

Tâchons de faire de la famille cette cellule vivante de la société, un instrument efficace de stabilisation de nos démocraties, grâce à la politesse qui nous méritera l'essentielle «conscience lumineuse» dans un monde qui en est assoiffé.

AVEC LES QUADRUPÈDES

Apprivoisez-moi.

En août 1994, dans un Paris dépeuplé et sympathique, un carton placé tout en bas d'une vitrine de la rue du Bac affichait:

«Chers toutous parisiens du VIIe arrondissement! Veuillez avoir l'amabilité d'éviter d'uriner devant notre vitrine. Merci d'avance! Le très reconnaissant Directeur d'Échange France Asie.»

Les toutous, les matous, les nounours nous rendent la vie bien supportable et nous leur devons souvent la chaleur qu'on aimerait qualifier d'humaine. Ils savent nous inspirer un amour presque inconditionnel. Leur présence nous apporte la joie, le confort et beaucoup de générosité. Toutes ces vertus ne devraient pas pour autant leur permettre de vivre dans nos sociétés sans notions de savoir-exister. Si nos amis à quatre pattes s'appellent domestiques encore faut-il qu'ils le soient.

Nous avons appris à nos bébés qu'à travers l'amour et sans doute au nom de celui-ci, il y avait des règles à connaître et à respecter. Si nos enfants sont tenus par la main dans la rue et dans les parcs, nos chiens seront tenus en laisse depuis notre seuil passé. Si on ne permet pas à son enfant de cueillir des objets qui traînent sur le trottoir on apprendra à son chien à n'en pas laisser.

Les chiens devront être propres et ne pas incommoder leur entourage par leur odeur. Les brosser et les toiletter aussi souvent que possible sont des règles d'hygiène et de savoir-vivre.

Si votre chien vous accompagne dans un endroit public ou chez des amis à qui vous rendez visite, apprenez-lui à ne pas aboyer quand il n'est pas chez lui et aussi à rester près de son maître.

Au Québec, il est formellement interdit de se présenter dans les restaurants accompagné d'un animal quel qu'il soit. La consigne est sévère même dans les auberges de campagne et l'hiver, par froid polaire, les animaux qui vous accompagnent en voyage n'auront pas droit à quelque hospitalité ou chaleur de croisière.

Un chien, un chat, un poisson rouge, un canari, un singe d'appartement ne sont pas considérés par la société ni par vos amis intimes comme votre mari (épouse) ou votre amant(e). Si vous recevez une invitation à une soirée ou à un dîner, ne comprenez pas tout de go que le minou est sous entendu sur le bristol. De même pour le week-end à la campagne; attendez qu'on vous le propose. Si on connaît votre attachement indéfectible à votre animal, on aura peut-être une bonne pensée pour lui. Assurez-vous aussi qu'il fera bon ménage avec les animaux de la maison où vous irez.

Si Médor a des pipis nostalgiques, veillez à faire disparaître vous-même toute trace de son méfait et à ne pas laisser cette corvée aux domestiques de la maison, qui vous en tiendraient rigueur. Leur humeur est aussi importante à surveiller que la vôtre.

Il y a des hôtes qui veulent à tout prix partager le plaisir de l'accueil et de l'hospitalité avec leur caniche à qui il arrive de confondre la jambe (gauche) des invités avec un lampadaire (déjà vu, de mes yeux vu).

Dans les pays où le civisme à l'égard des animaux est rigoureusement appliqué, il est absolument interdit aux chiens de laisser leurs souvenirs biologiques en bordure des trottoirs ou près des arbres. Leurs propriétaires sont munis de sacs de plastique avec lesquels ils récupèrent leur moisson. Des amendes très élevées sont infligées à ceux qui négligent d'appliquer cette loi de civisme.

J'ai connu à Copenhague un gérant d'hôtel qui plantait un petit drapeau danois sur chaque moulage laissé par les chiens distraits qui passaient devant sa devanture. Après l'avoir observé, je me suis demandé si c'était de là que venait l'expression *apprendre sur le tas*.

Puisque les animaux provoquent aussi à certains des allergies véritables, il est conseillé de le faire savoir à des invités qui insisteraient pour amener leur bête chez vous. Personne n'est tenu de se sacrifier à ce point.

Si les animaux ne vous inspirent aucune sympathie, montrez-vous tolérant envers eux et ne débordez pas d'une fausse affection pour faire plaisir à leur maître. Ni le chien, ni le chat, ni leur propriétaire ne seront dupes.

Enfin, pensez que les animaux savent souvent créer d'excellentes situations pour faire se rencontrer leurs maîtres au cours de promenades au parc ou en forêt. Est-ce dû au hasard ou par prétexte, mais de véritables histoires d'amour se sont nouées grâce à la rencontre d'une shitzu et d'un dalmatien. Comme quoi, pour séduire, il faut avoir... du chien.

LE LIT

Aux sots du lit

Le lit. Ce meuble à multiples usages est sans doute le plus important de tout le mobilier puisque c'est là qu'on naît, qu'on souffre, qu'on s'ébat, qu'on procrée souvent, qu'on se réconcilie maintes fois, qu'on dort tout de même et qu'on meurt éventuellement. Si on savait mieux se comporter dans ce berceau des grands événements, il est à peu près sûr que bien des conflits pourraient être évités.

Puisque la première politesse envers soi consiste à être propre, le lit devrait être frais et bien fait pour y accueillir toute activité à desseins variés.

Sans se convertir en savonnette, il faudra veiller à être soi-même net et le parfum, objet de séduction, devra être utilisé avec tempérance. N'en abusez pas car tous les parfums ne sont pas faits pour s'entendre. Le vôtre se mélangera au sien. Réussissez le cocktail de vos arômes.

S'enivrer de passion libère certainement mieux que l'alcool. Ici, le dosage doit être parfait. Optez pour la superbe bouteille de champagne plutôt que pour les boissons alcoolisées à grands mélanges qui abattent. Encore là, selon les natures de chacun. Il vaut mieux être légers comme des bulles.

L'effusion au lit est assurée de plus d'éclat si elle a lieu avant le repas. Elle est un somptueux apéritif et souvent un désastreux digestif. Une charmante promenade après le dîner peut être un atout de séduction à ne pas négliger et évitera à vos entrailles volcaniques de désagréables effets secondaires tels les météorismes qui gênent souvent la passion. L'aérophagie et ses conséquences ne génèrent pas nécessairement la gaieté des amants. Comme bruitage, on préférera s'offrir une musique en sourdine, qu'on n'est pas tenu de scander, plutôt que des manifestations biologiques peu aimables.

S'il s'agit de vous rendre au lit pour y partager de la tendresse, allez-y graduellement. Vous n'allez ni allumer la flamme olympique ni éteindre un incendie de forêt avec un Canadair. On a beau être pressé, il y a des situations où il vaut mieux ne pas être expéditif. Sachez vous y rendre: dosez le vigoureux enthousiasme et le séduisant marivaudage.

Au néophyte, le lit amoureux n'est l'endroit ni pour explorer son nez avec les doigts même si c'est dans le but d'y trouver tout l'or du Klondike ni pour décharger un regard laser dans les situations de grand étonnement. Ces attitudes peuvent choquer au point de rompre le charme probablement déjà tendu.

Il serait préférable de choisir un autre endroit et un autre moment pour parler d'hypothèques, de compressions budgétaires, de hausse des prix et surtout de chômage car, à ce moment précis, vous n'y êtes pas (au chômage).

Il est de fort mauvais goût, et le risque est grand, de comparer la virtuosité ou les mesures anthropométriques des précédents occupants de votre lit avec l'actuel.

La comptabilité de vos conquêtes ou de vos possessions ne sera pas étalée. Le lit n'est pas le meilleur endroit pour négocier ni pour parader. Il existe, si je puis dire, pour se faire valoir dans le but du bonheur mutuel.

J'emprunte à Jacques Rigaud, dans *Le Bénéfice de l'âge*, ce paragraphe:

«Il faudrait aussi parler du rire dans l'amour. On ne rit pas en faisant l'amour. J'ai toujours été impressionné par la gravité du langage des corps, au point que tout effet comique risque d'en rompre le charme; mais dans les intervalles de l'amour, il n'est rien de plus rassurant et plus tonique que le rire, orgasme léger presque toujours éprouvé à l'unisson.»

Le merci poli en épilogue n'a pas vraiment sa place au lit et, messieurs, évitez de trahir vos habitudes en laissant sur la table de chevet, en partant, une enveloppe garnie.

En outre, monsieur, si la toute belle se trouve dans votre lit, ne vous empressez pas de vous rendormir en ronflant ni de proposer tout de go un taxi. Si vous disposez d'une voiture, raccompagnez la dame chez elle... si c'est là son intention. Autrement, attendez qu'elle exprime son désir de faire appel à un taxi.

Le ronfleur impénitent est aussi romantique qu'un tracteur aux champs. Des thérapies chirurgicales très efficaces pourront pallier ce mode d'expression trop bavard et peu éloquent.

Et vous, madame, ne vous mettez pas dans la situation de devoir entreposer l'amant dans votre armoire, même à glace.

Qu'elle était douce cette époque où le lendemain des premiers ébats, et même de ceux à venir, le galant faisait livrer des roses rouges à celle qui les méritait. Barbra Streisand s'en plaint elle aussi, en chanson.

À l'inverse de Madame de Rambouillet, au lit, faites abstraction de votre position sociale et de celle de votre partenaire; il y en a tant d'autres qui sont plus intéressantes.

Si vous êtes de ces maniaques du tabac qui doivent fumer après, ayez la décence de discerner le moment propice pour ce faire et pensez qu'au lit il vaut mieux consommer qu'être consumé. Ni vos cendres ni celles de votre cigarette n'y sont appréciées. Avis aux fumeurs qui désirent conquérir l'être aimé: le cigare ou la pipe dans la chambre à coucher sont de véritables vaccins contre l'amour.

Le conjoint qui aime grignoter des chips, des craquelins ou des biscottes au lit devra veiller à le faire sur une assiette, encore mieux sur un plateau, et épargner ainsi à sa moitié des démangeaisons soudaines et des ruptures de sommeil intermittentes.

Avis aux couples qui dorment dans un lit matrimonial (comme on dit en Italie): que l'un des deux ne manifeste pas son égoïsme en tirant à lui toute la couverture et, même dans le sommeil, on ne jette pas son (sa) partenaire en bas du lit. L'agressivité, la violence et la possessivité doivent être contrôlées aussi en dormant.

Le lit d'hôpital, pour sa part, suppose un contexte de souffrance. Visiteurs de malades, ne déposez pas sur leur lit vos manteaux et votre parapluie et choisissez plutôt une chaise pour vous asseoir.

Ce n'est pas parce qu'on paie une chambre à l'hôtel qu'il faut laisser le lit dans un état de dégoûtante porcherie. Pensez que vous laissez aussi votre réputation derrière vous.

Comme on fait son lit on se couche!

SAVOIR VIVRE UN DIVORCE (SÉPARATION)

La faillibilité la plus mal aimée

Il est bien des façons d'être piqué: au vif, au doigt, en flagrant délit... On peut piquer la fleurette, un cent mètres, ou bien piquer un fard... Le pilote qui arrive dans un avion en piqué n'a aucun point commun avec la dame qui arrive dans une robe en piqué, et être piqué n'est pas la même chose qu'il s'agisse d'un monsieur ou d'un miroir.

Bref, le tout est de s'entendre comme disait le mari qui se piquait de savoir vivre et à qui on demandait le secret de son long et heureux mariage:

«C'est simple. Deux fois par semaine, nous allons au restaurant. Charmant endroit: on y dîne par couples, à la bougie, main dans la main... Musique douce, piste de danse... Le paradis, quoi!... Ma femme y va le mardi, et moi, le vendredi.»

Est-ce là une recette de longévité maritale?

Le divorce est le miroir de Janus: comme lui, il a aussi deux visages: le privé et le public. Les yeux du monde extérieur commencent enfin à devenir indulgents pour ce qu'ils jugent être une clause normale dans la marge de l'erreur humaine. Est-ce un paradoxe? J'ai souvent remarqué que la plus noble tolérance à l'égard des couples qui se déchirent est appliquée par ceux dont le mariage est heureux et résistant. Les déjà divorcés, sans les condamner, sont moins disponibles à venir en aide à ceux qui passent l'épreuve au présent. Comme les nouveaux riches, ils sont moins enclins à venir en aide à leurs anciens congénères et deviennent rarement de grands mécènes.

Se séparer de son conjoint est une expérience douloureuse, redoutable, parfois féroce et souvent humiliante. Dans cette situation, le plus urgent besoin est de restaurer sa fierté et son amour-propre. Perdre un être aimé ou qui a été aimé *via* le divorce entraîne non seulement le sentiment de l'échec mais alimente l'inévitable chronique à potins, à ragots, à commérages, à calomnies et à méchancetés. Faut-il être surhomme pour faire preuve de courtoisie en telle circonstance? Les époux entre eux devraient autant que possible éviter de perdre le contrôle et de prononcer des paroles irréparables. Un effort mammouth de savoir-vivre, même sous la plus impitoyable provocation, devra être fourni pour engendrer l'estime de soi pouvant agir comme amortisseur dans un tel cas.

Il serait sage, de la part des personnes intéressées, de ne pas divulguer les détails croustillants qui les ont amenées à cette fatale issue.

Tout le monde est intéressé de savoir mais personne ne sera informé des arrangements financiers qui découlent d'un divorce.

Il serait préférable d'être discret à l'égard des nouveaux liens sentimentaux, s'il y en avait, au moins jusqu'à la séparation physique des ex-époux.

Il est absolument essentiel d'épargner ses enfants au maximum. Les parents qui cherchent à avoir la sympathie de leurs enfants en procédant sur eux à des lavages de cerveau sont condamnables et seront peut-être aussi condamnés un jour par leurs victimes. Les enfants sont, en vérité, des victimes souvent plus meurtries que leurs parents. Il n'est pas indispensable de leur donner toutes les explications mais bien de l'amour, de l'amour, de l'amour. Les jeunes enfants, même s'ils ont l'air d'accepter, éprouvent souvent un sentiment de culpabilité. Les parents tenteront, même sous l'extraordinaire pression imposée par leurs griefs, d'éviter les scènes et les mots devant leur progéniture. Il est déjà suffisamment difficile pour elle de subir cette infortune sans qu'on y ajoute un caractère de démolition affective et morale.

   Certains parents divorcés sont tentés de retenir l'attention
de leurs enfants en les couvrant de cadeaux et de gâteries. Il
faudrait tâcher de savoir doser sa générosité soudaine et exces-
sive. On n'achète pas ses enfants et on ne compense pas sa culpabilité avec des attentions matérielles. Les parents qui réussissent le mieux à maintenir l'équilibre de leurs enfants sont ceux
qui montrent un sincère intérêt dans leur développement global,
qu'il soit physique, affectif, moral, social ou intellectuel, et qui
les encouragent par la voie à haute fréquence du téléphone, des
lettres et des rencontres.

   Malheureusement, le divorce a pour fâcheuse conséquence le
bris des liens familiaux et la formation de clans. Heureusement, il
resserre parfois le réseau de la corrélation des membres de la
famille et des amis. À la rupture d'un mariage, pourquoi est-il
nécessaire pour les proches de prendre parti? Pourquoi les époux,
une fois divorcés ou séparés, devraient-ils se traiter comme les
pires ennemis? Pourquoi la belle-famille devrait-elle changer
d'attitude et devenir hostile?

Il faut le souligner, peu de gens connaissent la vraie nature d'un mariage et encore moins celle d'un divorce. Comme l'a dit un ami ayant vécu l'expérience: «Un mariage compliqué va en empirant. Un divorce compliqué va en s'améliorant!» N'allez tout de même pas essayer d'en faire la preuve!

Durant les procédures infernales d'une séparation, il est recommandé de mener une existence en retrait plutôt que de surcharger ses amis de ses préoccupations. Je dis bien surcharger par opposition à informer ou partager ses tracas.

La société, les amis devraient, autant que faire se peut, rester objectifs et neutres. Les critiques sont mal venues. La responsabilité d'un ami est d'écouter, de montrer sa compassion et d'assurer de sa fidélité et de son affection. Il doit aussi essayer de distraire, d'amuser et d'aider à construire des perspectives de vie positives.

Quand un divorce est annoncé, ne pas chercher à savoir si la raison est basée sur une liaison extraconjugale. Cette question ne concerne que les intéressés. Ah! ces voyeurs de l'oreille qui veulent tout entendre!

Les amis montreront autant d'intérêt pour l'un que pour l'autre des ex-époux. Si l'un est invité à dîner, l'autre recevra une invitation dix jours plus tard ou à la prochaine occasion. Ils n'en feront pas de mystère car ils seront initiés à ce mode d'emploi. À une grande réception de 100 personnes, les ex-époux recevront une invitation, mais seront tenus au courant de la modalité. Éviter les mauvaises surprises. Après une ou deux années, les choses se sont tassées et ces attentions sont moins poursuivies.

Au Québec, il est rarissime qu'en dehors de ses proches amis, un couple invite une femme divorcée ou séparée à une réception ou à une soirée mondaine. Merci affectueux à Rolande et Robert P. d'avoir été exceptionnels.

Là où les amis sont indispensables, c'est avec les enfants. Ils sont en manque d'affection, d'attention et d'équilibre. Il faut agir avec la liberté qu'autorise une vieille amitié.

Selon mes observations, la femme qui sort d'un mariage me semble être en liberté provisoire, tandis que l'homme semble plutôt en liberté sous caution.

Quelle que soit la situation, il vaut mieux n'être pas piqué des vers que d'être piqué au vif. Et attention au mariage! *Qui s'y frotte s'y pique.* Faut-il donc se piquer au jeu... des hasards de l'amour?

L'ARGENT POLI

Tout ce qui brille n'est pas argent.

À moins d'habiter une île déserte, l'argent est devenu indispensable à tous, au point que si vous n'en avez pas, l'État vous en veut, et si vous en avez, l'État le veut. Aussi, les gens s'essoufflent-ils à s'en procurer par tous les moyens, et le seul reconnu honorable est le travail. Or, il se fait rare et ce monde endetté dans lequel nous vivons nous pose des problèmes qui vont de l'acéré à l'aigu.

Il existe un analphabétisme de l'argent dont je fais partie et je m'en plains. Enfant, mon père me faisait comprendre à force d'impatience que je lui coûtais cher et cette situation ne semblait pas l'amuser particulièrement. Jeune fille, étudiante à Paris dans les années soixante, à l'énoncé de ma nationalité canadienne, ou bien on me demandait si mes parents possédaient une grande ferme (quelle dot!) ou bien on réagissait en disant: «Vous venez d'un pays où on ne parle que d'argent, n'est-ce-pas?» À l'époque, je ne savais pas dire: «Plaît-il?»... Devenue ensuite femme, au lendemain de mon mariage, mon époux tout neuf m'a fait comprendre, avec une grimace de mépris, qu'en «ce mot-là» (entendez l'argent) était vulgaire et qu'en parler était intolérable. Voilà le malaise dans lequel on a fait grandir certaines fillettes de ma génération.

Primo, il me paraît insensé d'avoir coûté plus cher à mon père que le reste de la smala. *Secundo*, en 1960, l'argent n'était pas abondant en Europe encore affaiblie par la guerre et on en parlait beaucoup plus que chez nous. *Tertio*, le mari a prescrit une règle qui le déclarait le seul grand contrôleur du pécule matrimonial, et surtout, pour l'avoir confirmé plus tard, afin d'interdire à sa jeune épousée l'accès à une certaine liberté. Voilà, c'est dit.

Sur ce plan-là aussi, beaucoup d'entre nous ont été roulées et peu roulent sur l'or aujourd'hui. Un tabou qui a son pesant d'argent. Apprendre à gérer sa fortune, si petite fût-elle, n'était pas à l'ordre du jour dans ces années-là.

Il est vrai que quelqu'un ayant trop souvent ce mot à la bouche ou à l'esprit peut être d'une détestable compagnie. Mais il faut des sous pour vivre, il faut savoir en faire et l'expliquer à ses enfants. Ironie du sort, ce sont mes enfants qui m'éduquent sur le sujet aujourd'hui.

L'argent est une force, un moyen puissant d'accéder à la liberté, à la célébrité et au luxe. Il faut pourtant le traiter avec pudeur en ne l'étalant ni par le geste ni par le verbe. Si prodigalité il y a, elle sera manifestée avec bon goût et discrétion, en respectant l'état moins favorisé de ceux qu'on veut gratifier.

Au restaurant, les collègues ou les camarades se partageront équitablement la facture sans faire état des quelques cents qui font la différence de leur écot. Si quelqu'un veut avoir une addition séparée, il en fera mention au moment de la commande.

À table, on n'exhibera pas sa monnaie et, si on invite, les convives ne seront d'aucune façon informés du montant à régler.

L'amitié étant plus importante que l'argent lui-même, on se montrera très prudent quant à son emprunt. Il est indispensable de rembourser une dette envers qui que ce soit. Surtout envers un ami. Si l'argent a été prêté liquide, il sera rendu liquide et le plus rapidement possible. On ne tentera cette difficile transaction qu'en dernier recours. Cependant, il est des amis pour comprendre qu'ils peuvent prêter main forte pour aider celui ou celle qui subit un revirement de fortune et qui est dans une impasse difficile. Si le délai de remboursement dépassait la période permise, l'emprunteur devra rassurer la personne dont il a bénéficié d'un prêt en lui écrivant un mot pour s'excuser et pour réclamer une petite dose de patience supplémentaire.

Eugène Labiche avançait que l'amitié finit où la dette commence. Sacha Guitry, pour sa part, pensait:

«Un homme qui ne demande jamais de service à personne finit par se faire la réputation d'un homme qui n'en rend pas.»

La curiosité populaire, qui est gourmande de connaître le prix des choses, devra s'exercer à la retenue. Connaître la fortune d'autrui amplifie-t-il la culture? Si oui, en quoi? En dehors des institutions bancaires et du ministère du Revenu, cet angle de la vie devrait rester privé. À moins qu'il ne serve à mesurer ou à creuser le fossé entre les classes de notre société.

Dès avant leur mariage, les époux définiront sérieusement la gestion de leurs finances. Croyez-moi, la question mérite d'être parfaitement élucidée. Si l'un des conjoints devait s'étonner en produisant le motif qu'un mariage n'est pas une société par actions, il devra apprendre qu'en effet il l'est, en partie. Dans un couple, est-il superflu de dire que si tout doit être transparent, le salaire et le compte des époux doivent l'être également?

Les enfants, de plus en plus, ont à leur disposition de l'argent de poche. Il serait recommandé de leur apprendre à le gérer. Un excellent apprentissage pour demain. Oui, l'argent est un moyen d'accéder à une certaine liberté à laquelle les enfants ont aussi droit.

Si l'argent n'a pas d'odeur, il a de l'influence. En public, il faudra éviter de le manipuler et d'en faire étalage, surtout sous les yeux de ceux qui en ont peu. La décence, le tact et la retenue sont les amortisseurs de ce pouvoir.

Les nouveaux riches, malheureusement, font l'erreur de vouloir afficher leurs gains rapidement et avec ostentation. «La fortune ne change pas les hommes, elle les démasque.» (Madame Riccoboni)

Quant aux nouveaux pauvres, de plus en plus nombreux, ils devraient ne pas accabler leur environnement avec leurs nouveaux problèmes en évoquant les fastes de leur passé disparu. En attendant des jours meilleurs, ils devraient avoir recours à leur dignité, si elle n'est pas perdue.

On ne divulguera pas non plus la somme que l'on a dépensée pour faire un cadeau. Il en est qui simulent la distraction en «oubliant» une étiquette sur une bouteille prestigieuse ou sur un objet de luxe pour simplement rappeler l'effort financier fourni et qui font des mines étonnées lorsqu'on la découvre. Comme disaient les bonnes sœurs: «Un peu de tenue, s'il vous plaît!»

Lors d'une entrevue d'embauche, le postulant pourra prendre l'initiative de discuter du salaire qui devra lui revenir si la personne déléguée à cette tâche ne touche pas à la question. Attention, toutefois, à ne poser cette question qu'en fin d'entretien et veillez à montrer plus d'intérêt à l'égard de l'emploi proposé qu'à celui du salaire et des bénéfices qui y sont rattachés. Il est tout à fait dans les normes de s'enquérir si le salaire est négociable. Certains diront qu'en nos temps de famine c'est un jeu dangereux.

Lorsqu'un jeune homme courtise une jeune fille et l'invite au restaurant, il est de bon ton qu'ils se partagent l'addition. Un homme ayant sa situation bien établie n'osera pas agir ainsi avec une femme; celle-ci offrira la réciprocité à une autre occasion et d'une autre manière. Il est rare qu'un homme de bon goût et de belle fortune accepte que la dame qu'il courtise s'intéresse à ces tracas si peu... métaphysiques. Autrement, il est tout à fait correct et courant qu'une femme d'affaires invite un homme au restaurant et qu'elle acquitte la note. Il est des hommes appartenant à une génération précédente qui n'accepteront jamais qu'une femme paie au restaurant et qui considèrent ce geste honteux. Comme en toute chose, il faut faire preuve de jugement. Si, à charge de revanche, une femme souhaite remercier un homme, elle l'invitera à un concert ou au théâtre; cette façon de faire est très élégante, discrète et très souvent appréciée. Une femme qui tient à régler une note de restaurant où elle a convié des hommes choisira un restaurant où elle a ses habitudes et demandera que la facture lui soit adressée chez elle ou à son bureau. Il est évident qu'une telle confiance doit être méritée par une réputation bien construite et sans faille.

Quand l'addition est présentée à l'invitant, celui-ci devra s'en acquitter avec bonne grâce. Si la somme lui paraissait trop élevée, il ne le montrera pas et freinera ses envies de faire preuve d'indignation.

Au restaurant, il en est qui veulent à tout prix montrer leur connaissance en tous genres en critiquant ouvertement les tarifs imposés et en n'épargnant pas la curiosité des voisins de table. À ceux-là, je dirai qu'ils étalent leur ignorance. En cas d'insatisfaction, on règle ses différends en dehors de la table, ayant soin de s'excuser en la quittant.

Il est recommandé d'épargner les tympans de votre entourage qui ne tient pas à entendre le prix de votre maison, de vos hypothèques, la déclaration de vos revenus, les honoraires du chirurgien pour votre dernière chirurgie faciale, *et caetera*. Ceci est du domaine privé et ne devrait intéresser personne.

Les cadeaux en argent liquide sont attribués à des personnes que l'on connaît très intimement. Il est préférable d'offrir un certificat-cadeau plutôt que de l'argent dans une enveloppe. Encore une fois, avec le pouvoir il faut agir avec précaution, délicatesse et réserve.

L'argent comme le savoir sont une source de liberté à laquelle il est sage d'initier sa progéniture afin qu'au soir de sa vie elle ne s'écrie pas, comme Oscar Wilde au moment de rendre le dernier soupir: «Je meurs comme j'ai toujours vécu: au-dessus de mes moyens.»

SAVOIR VIEILLIR AVEC GRÂCE

La courtoisie des rides

Il y a l'arrière-boutique, l'arrière-pays, l'arrière-pensée et l'arrière-saison. C'est dans cette dernière que je me situe et je viens en faire le dithyrambe.

Quel était votre état d'âme quand vous avez aperçu votre première ride? Lorsque j'ai dû faire face à cette macabre découverte, j'étais si accablée que ma bonne belle-mère (la vraie grand-mère de mes enfants), surprenant dans une glace impitoyable mon désarroi et les mimiques insensées que je faisais en tirant ma peau dans tous les sens, m'a dit:

«Ma pauvre enfant, il ne s'agit pas là d'une ride mais de l'expression de ton âme. Si la ligne est souriante, c'est qu'elle souligne la présence de la joie en toi. Le contraire m'aurait affligée», a-t-elle ajouté, réconfortante.

Sans que j'en redemande, elle a amplifié son propos en m'assurant que les rides, si je devais en avoir, devaient être intéressantes et que, pour réussir un exploit à mes yeux incompréhensible (des rides intéressantes?) il ne fallait pas exposer son visage au soleil. «Jamais!» exhortait-elle.

Pouvait-on trouver en pharmacie le produit miracle qui allait me fournir de quoi avoir des stigmates du temps qui soient palpitants? Elle a répondu, péremptoire:

«La vie, ma chère, l'amour, l'amitié, le travail, les drames, les rencontres fascinantes, les gens envoûtants, la survie; tout cela rend les rides intéressantes.»

Les hommes sont attirés par la peau fraîche des jeunes filles de 20 ans, «la beauté de l'âne», comme disent les Italiens, mais ne peuvent pas résister au visage expressif d'une femme dont la vie est bien remplie.

Aujourd'hui, Mamitsa (petite maman) n'est plus de ce monde, et moi, ne paniquant plus devant la multiplication des virgules qui mettent mon visage entre parenthèses, j'aimerais qu'elle me donne, de là où elle se trouve, son appréciation de ce visage mûri qu'est devenu le mien.

Il y a plusieurs façons pour une femme d'accepter le dur processus de sénescence, mot trop élégant voire hypocrite pour dire «vieillesse». Michel Serres, le philosophe souriant, assure qu'il y en a trois: la première étant coûteuse et ses effets de courte durée: la chirurgie esthétique; la deuxième, moins chère et se prolongeant un peu plus: les crèmes, l'alimentation équilibrée et les exercices physiques; la troisième, gratuite et assurant une bonne conservation: garder son esprit vif, diminuer les heures passées devant la télévision et s'imposer une heure par jour de lecture difficile. J'en ajoute une quatrième: prendre de l'âge avec grâce. Le sens de «prendre» ne fait naturellement pas référence au tour de taille, un repère douloureux contre lequel la femme mène un éternel combat.

Je tutoyais déjà effrontément la quarantaine quand j'ai pris mes rides au sérieux et c'est à partir de là que ma vie a pris des tournures palpitantes et insoupçonnées. À cet âge, on comprend qu'on peut transformer quelque chose de bon en quelque chose de merveilleux. Pour une femme, c'est l'âge où elle peut commencer à vivre sans craindre de faire des fautes.

À 50 ans, on a commis suffisamment d'erreurs pour comprendre qu'on peut y survivre et très bien, merci. Une femme peut désormais regarder la vie comme si elle la contrôlait. Quelle sensation! Car il y a tant de choses qu'on souhaite encore essayer, goûter, apprendre, désirer et savourer.

Vieillir avec grâce est seulement une question d'attitude. Voir la vie comme le verre: à demi plein ou à demi vide. Cette attitude ne s'achète ni ne se commande. Elle dépend de la volonté pure et dure qui engendre des façons de se préparer un demain agréable et plein d'attraits.

La meilleure ligne de conduite dont on essaiera de ne jamais déroger est commandée par un sens de l'humour invincible. Se lever le matin avec un doigt tout déformé par l'arthrite n'a rien de tonique. Mais puisqu'un problème ne peut exister sans solution, envisagez des exercices thérapeutiques, une posologie bien dosée de médicaments anti-inflammatoires, une éventuelle intervention chirurgicale, l'achat d'un nouveau chapeau ou une visite chez le coiffeur (formidable comme remontant).

Surtout, n'ayez pas peur de rire de vous-même, de vous taquiner en quelque sorte afin que tous les rires soient de votre côté. Amusez votre entourage et gratifiez d'un chaleureux sourire ceux et celles qui affichent des visages renfrognés. Vous verrez. Et en plus, vous aurez l'air d'avoir 30 ans en moins (non, peut-être 10).

Sachez être heureuse avec vos enfants si vous avez la chance d'en avoir et avec vos amis intimes. Soyez extra gentille pour eux, même pour les enfants du voisinage. Devenir le soleil qui les épanouira tous, quel merveilleux programme! Pensez à eux souvent et exprimez-vous en leur téléphonant, en leur écrivant ou en leur faisant des petits cadeaux surprise de temps en temps.

Si vous n'êtes pas en grande forme physique, efforcez-vous de l'être. On ne vous demande pas de ressembler à Claudia Schiffer mais d'éviter de ressembler à celle qui a inspiré Charles Aznavour dans la chanson «Tu t'laisses aller». L'alcool n'est ni un médicament ni une solution. Plutôt que de vous accrocher à la bouteille, accrochez-vous à une bonne discipline d'alimentation et d'exercices physiques.

Attention au maquillage! Qu'il ne soit pas outrancier! Le fond de teint ne doit pas faire fonction de mastic ou de ciment et le rouge à lèvres ne débordera pas aux commissures. Les vêtements seront choisis avec discernement. Laissez les minijupes, les collants moulants et les nuisettes à vos filles; ils pourraient trahir des cuisses flasques qui n'ont rien de spécialement engageant. Les décolletés seront échancrés avec beaucoup d'économie et l'usage des perles sera abondant... Elles ont sans doute plus d'éclat que votre poitrine. Il y a des paysages qui ont intérêt à être vus avec des yeux impressionnistes. Faites place à votre esprit lumineux, votre charme irrésistible et votre sagesse grandissante.

Souvenez-vous du bon conseil de Michel Serres: aiguisez votre esprit. Oublier les noms du *jet-set* local n'a aucune importance. Entraînez votre mémoire et votre pensée à une gymnastique régulière en écoutant les jeunes et leur jargon: «C'est génial», «Super», «Dément», «Cool». Observez-les et intéressez-vous à leurs attitudes et à leurs sentiments. Ils viendront à vous pour vous demander conseil: une flatteuse démarche à ne pas décourager.

Rendez-vous utile et soyez disponible pour différentes actions de bénévolat. Soyez ponctuelle à leurs réunions et ne décevez pas vos nouvelles collègues. Devenez pour elles indispensable.

Apprenez une nouvelle langue. Que ce soit l'anglais ou le turc, elle vous servira à mieux comprendre Shakespeare dans le texte ou rendra votre croisière au Bosphore doublement fascinante.

Offrez-vous des voyages inoubliables, même si vous devez y aller seule. Il y a des solitudes souhaitables et dont les ressources devraient être exploitées. Votre liberté de mouvement ne sera nullement entravée, vous aurez le loisir de faire des rencontres et votre acuité d'observation sera plus aiguë si vous voyagez en solitaire. Tenez un journal de bord avec force détails. Qui sait? Vous deviendrez peut-être aussi lyrique qu'Homère dans son *Odyssée*.

Devenez un puits de culture en étant une assidue des concerts, une enthousiaste de la danse ou une spécialiste de théâtre. Lisez tout Molière, allez aux répétitions et devenez une groupie en encourageant les acteurs pour lesquels vous avez de l'admiration.

Prenez des cours de harpe, de mandoline ou de ce dont vous avez toujours rêvé. Si votre choix devait se fixer sur les cymbales, assurez-vous de conserver l'amitié de vos voisins. Mais si l'harmonica obtenait vos faveurs, faites-en profiter l'orchestre de l'Armée du Salut ou autres ensembles, le jour de la fête nationale.

Inscrivez-vous à un cours d'Ikebana. Les fleurs, cet univers souriant, est si vaste et varié. Vos arrangements feront l'admiration de vos visiteurs.

Prenez des leçons de cuisine. Je connais une ravissante jeune femme pleine de talent qui fait profiter de son expertise et de son inépuisable imagination tous ceux et celles qui veulent apprendre des recettes nouvelles. En fin de cours, elle invite tous les participants, moyennant une somme raisonnable, à déguster sa céleste production. Voilà une merveilleuse façon de joindre l'agréable à l'utile.

Donnez plutôt que d'attendre de recevoir. C'est plus gratifiant. Soyez plus une actrice sur la scène de la vie qu'une spectatrice.

Apprenez tout sur l'histoire de votre ville et devenez-en un guide recherché. Faites-vous plaisir. Offrez-vous un chien et débitez-lui tout votre savoir. Les chiens ont une oreille attentive. Vous ne tiendrez pas longtemps votre auditoire en haleine si vos sujets de prédilection sont vos rhumatismes, vos allergies, votre constipation ou la mauvaise température. Si on vous demande comment vous allez, répondez toujours que vous allez très bien. C'est tout ce que les gens veulent entendre comme réponse.

Si vous entreprenez un projet, réalisez-le jusqu'au bout et faites-le avec enthousiasme; rien n'est plus contagieux. Initiez vos amis et faites-leur profiter de vos produits.

Surtout, soyez et pensez positif. Repassez souvent en mémoire le film des bons moments de votre vie. Rangez aux oubliettes les chagrins et les tragédies qui ont marqué votre existence. Mettez l'accent sur les bons souvenirs et l'emphase sur des projets constructifs; bâtissez des perspectives pour demain. Donnez du superlatif à vos saisons. Et si des regards sur le passé vous sont plus souriants que mélancoliques, faites dérouler devant vos mirettes assoupies les gros plans d'un amour tendre, d'une voix d'enfant, d'une partie de tennis effrénée, d'une randonnée romantique en canoë, d'une visite inoubliable dans un musée ou d'une rencontre inopinée qui vous fait battre encore des cils et de la poitrine.

J'ai la grande chance d'être entourée de dames qui ont allégrement entamé les 70 ans ou dont l'âge s'étend bien au-delà mais qui sont vertes, cultivées, vives, belles et surtout très inspirantes. Merci particulièrement à Claire, Aline et Eva de me servir de modèles. Vous n'avez rien à envier à la parfaite Katherine Hepburn.

Sachez, madame, que malgré vos rides il y a de fortes chances que vous soyez plus passionnante maintenant qu'à 20 ans. Il est une chose certaine: aujourd'hui, vous êtes plus attachante, plus compatissante, plus compréhensive, vos sentiments sont plus humanitaires, vous êtes devenue plus sage, plus modérée, plus sobre, plus spirituelle, plus charmante, plus magnanime, plus clémente, plus attentive, plus disponible, plus philosophe et plus gracieuse. Et votre dignité, mot fort usité de nos jours, en sera grandie d'une assurance qui fera de vous une fringante aïeule.

SAVOIR VIVRE SEUL

La solitude: un art martial

La liberté est le premier droit de la personne. Ce droit, s'il est bien accepté, bien compris, peut être le plus grand plaisir qu'on puisse s'offrir. La montée vers cet idéal requiert de la maturité, de la force et de la confiance en soi. Comme la liberté n'est, ici-bas, jamais absolue, elle pourra pourtant prétendre à une bonne note

si l'on apprend à vivre avec soi-même, en harmonie, sans se laisser dominer par la crainte obsédante des préjugés. Vivre seul, en bonne santé, c'est accepter d'être entièrement responsable de soi-même, à tous égards.

Les psychologues, les psychiatres, les personnes préposées aux courriers du cœur ou aux confidences télévisées autour d'une table s'entêtent à dire, et n'en démordent pas, que la solitude est le pire fléau de la Terre. Que non! La solitude, pour être savourée, doit être désirée. Comme n'importe quoi. Ce qui est imposé est souvent détestable. Comme les taxes.

La solitude ne doit pas être confondue avec l'isolement ou l'idée de l'exil. Elle est un face-à-face avec soi-même, par intermittence. Pour le réussir, il faut savoir s'aimer. Aimer cette personne avec laquelle on se propose (et non pas se condamne) de vivre. Existe-t-il une meilleure perspective? Pour mener cette mission avec sérénité, il faut à tout prix se résigner à avoir une bonne santé.

Pour adhérer au club des heureux solitaires, il n'y a pas d'examen à passer. Il faut tout simplement être convaincu qu'on a fait le bon choix et que cette personne avec laquelle on a décidé de vivre, en l'occurrence soi-même, est amusante, charmante, curieuse de la vie, patiente, généreuse et d'humeur agréable. Une fois persuadé que la voie est sûre et libre (en effet, celle-là l'est toujours) on s'aperçoit qu'on n'a plus à se faire violence, même de façon muette; en tant que voyageur solitaire, on sait qu'on frôlera souvent l'essentiel et qu'on le touchera de temps en temps.

Le solitaire de ma pensée n'a rien à voir avec un des anachorètes de la Thébaïde. C'est celui qui choisit les moments qu'il veut partager avec les autres et pour lesquels il se rend disponible. La solitude réussie est celle où on ne ressent pas le besoin de sollicitude. Vivre en solo ne s'apparente pas au rôle du misanthrope, de l'ours ou du fuyard. Le solitaire n'est pas un diminutif du sauvage. Le solitaire est un soliste, un virtuose de la contemplation dans tous ses sens, ce qui requiert une solide discipline de l'esprit. Oui, la solitude est un art martial.

La solitude prédestine au plaisir inopiné, auquel on prend part de façon implosive et qui ne laisse jamais de repentir. Prendre le temps de vivre sans faire attendre les autres, sans dépendre des autres. Le contraire du *fast food*, du *fast sex*, du *fast life*.

Vivre avec les saisons, avec l'air du temps, avec le chant des oiseaux; être un témoin vivant de la tombée des feuilles et de la neige. La solitude rendrait-elle lyrique? Essayez de vous y faire. Vous verrez, elle devient une drogue attachante. Aller voir une exposition, un film, lire un livre, en écrire un, quand on le veut bien, c'est du luxe. Quel rassurant spectacle de voir marcher sur la plage une femme, un homme avec son chien. Les uns scrutent l'horizon, l'autre aboie aux nuages. De façon ardente. Avec la conscience de ne pas perdre son temps.

Le visage des gens qui sont contents d'observer les oiseaux, de sonder les miracles de notre Univers, est toujours paisible et inspiré. On n'y perçoit ni inquiétude ni angoisse, qui sont des maladies réservées aux personnes en lutte avec les autres.

La solitude vivifiante qu'on a voulue n'a rien à voir avec une accusation ou une condamnation qui tombent dru. Elle est indifférente à la violence, aux grands fauves célibataires ou à ceux qui sont extrêmement veufs. Elle a cela de merveilleux qu'elle ne trahit pas, qu'elle ne joue pas la comédie, qu'elle n'exige pas qu'on se justifie à ses yeux. Elle n'est pas dictature, ni menace définitive. La solitude positive, c'est la plus pure forme de liberté à laquelle l'être humain puisse avoir accès. Sans absolu. Est-ce donc la raison qui la fait tant craindre?

Savoir vivre seul, c'est savoir orchestrer ses appétits voraces, sensuels autant qu'intellectuels, et leur donner un sens d'épanouissement dans le raffinement et dans la souplesse de la pensée épicurienne.

Un jour, j'ai lu que l'homme le plus seul du monde était le plus fort. Pas le plus malheureux.

«MOURIR, C'EST UN MANQUE DE SAVOIR-VIVRE»

SACHA GUITRY

Le choc du futur

En Amérique du Nord, quand un proche trépasse, on s'en remet à des maisons spécialisées qui prennent en charge tous les détails entourant le décès. Il apparaît nécessaire d'exhorter certaines d'entre elles à se manifester de manière plus discrète au moment du règlement des honoraires, qui, on le sait, sont très élevés. Une supplique pour freiner l'envie de ces gens d'affaires de rappliquer pour offrir leurs services pour nécessités ultérieures. Ce comportement est insupportable de la part d'organisations qui veulent manifestement s'assurer l'application des derniers rites sur tout l'arbre généalogique.

Si la personne décédée a laissé un testament, on s'en tiendra à ses dernières volontés. A-t-elle exprimé le souhait que son corps ou ses cendres soient jetés à la mer? S'il s'agit du corps, il sera mis à bord d'un bateau dans un linceul et, en pleine mer, au large des côtes, même au-delà des zones territoriales, on accomplira ce rite. Si le corps a été incinéré, les cendres seront disséminées même depuis la côte.

En cas de décès à l'étranger, la famille s'adressera au consulat de son pays pour rapatrier le corps. C'est une épreuve supplémentaire que de remplir toutes les formalités requises par le pays d'origine et celui où le décès est survenu. Le temps investi est extrêmement long.

À la maison, on confiera les petits enfants à une personne responsable. Certains parents préfèrent éviter à leurs enfants ou adolescents la difficile expérience d'assister aux funérailles. La mort étant un événement de la vie, il est normal que les enfants en soient informés et apprennent à partager le chagrin de toute la famille. Aux funérailles, ils seront assis près d'adultes, à qui ils pourront apporter un support moral parfois étonnant.

Il est important de mandater une personne qui a la maturité et le tact nécessaires pour répondre aux innombrables sonneries de téléphone qui vont survenir et pour recevoir les télégrammes et les lettres de condoléances.

Aujourd'hui, on annonce la nouvelle aux proches, aux amis et collègues par téléphone. Jamais par télécopieur. Les détails concernant les funérailles seront alors diffusés. La rubrique nécrologique d'un journal fera part de la nouvelle.

On s'entendra avec le directeur de la maison funéraire sur les rituels souhaités par le défunt. Si le cercueil devait être ouvert et placé en chapelle ardente dans une résidence funéraire, on procurera aux personnes responsables des vêtements sobres et propres. On prendra soin de coordonner funérailles et enterrement. Il faudra penser à offrir, après le service au cimetière, un goûter et à en faire part aux membres de la famille, au prêtre ou ministre en charge du service à l'église, aux amis et aux collègues proches du défunt et à tous ceux habitant loin et qui ont exprimé le désir d'entourer la famille. On prévoira des faire-part, les fleurs et les enveloppes à laisser au célébrant et à la chorale.

Si le défunt est une célébrité, on désignera une personne pour rédiger une oraison funèbre. À la fin de celle-ci, il est permis de faire part des souhaits du disparu de ne pas envoyer de fleurs, par exemple, ou de ne pas faire mention de son âge. La famille peut également exprimer le vœu de tenir des funérailles intimes, ce qui sous-entend que personne ne peut y assister à moins d'y avoir été invité.

Les personnes qui veulent exprimer leur sympathie enverront quelques mots, ou diront leur chagrin d'avoir appris la triste nouvelle, ou exprimeront toute leur amitié. Au Québec, on entend parfois l'expression *souhaiter ses sympathies*, qui est heureusement caduque; on offre ses sympathies. Dans un message écrit, on ne mentionnera pas le mot *condoléances*. Voici quelques exemples de formules: «Permettez-moi de m'associer à votre douleur», «Je suis de tout cœur avec vous en ces cruelles circonstances», «C'est avec une grande peine que j'apprends la disparition de...» Ces mots écrits à l'encre noire sur un carton blanc contenu dans une enveloppe peuvent accompagner des fleurs qui seront livrées à la maison funéraire ou à l'église. On n'enverra jamais de fleurs à des funérailles juives. Chez les catholiques, on orne le cercueil d'une gerbe et l'autel de fleurs blanches tandis que chez les protestants, les fleurs abondent, jusque dans l'allée centrale de la nef. La famille éprouvée devra remercier chaque personne qui a manifesté sa sympathie de quelque façon par des paroles écrites à l'encre noire sur un carton blanc liseré de noir (ce détail n'étant pas obligatoire).

Une veuve se vêtira sobrement. Elle n'est plus tenue de se couvrir du voile noir et de s'habiller de grand deuil. Il n'y a guère qu'en Europe très méridionale que cette coutume persiste, où souvent la veuve ne quittera plus le noir du reste de sa vie. Les enfants iront au service religieux vêtus de leurs plus beaux habits; les adolescents et les jeunes gens porteront des tenues discrètes et propres. Les adultes freineront leur envie de se présenter à l'église (ou au temple) dans des tenues trop folkloriques ou indécentes, même si le défunt appartenait au milieu artistique ou avait un style de vie excentrique.

Si panégyrique il y a, il sera prononcé par le célébrant ou par une personne choisie par la famille, lors du service funèbre. Il serait indélicat de refuser à quiconque de s'exprimer au sujet du défunt. Toutefois, il y a des règles à observer:

— S'avancer devant le chœur, derrière le pupitre dressé à cet effet, et prononcer un éloge bref et positif qui ne devrait pas s'étendre au-delà de cinq à sept minutes. Il n'est plus question de prononcer des oraisons funèbres à la Bossuet;

— Si les larmes devaient étouffer la voix de l'orateur, il est recommandé de s'excuser et de retrouver sa place, à son banc. Tout le monde comprendra;

— Surtout, tenir des propos empreints de respect et de bonté et non de flatterie, ce qui serait de mauvais goût. Des faits charmants peuvent être mis en relief, qui auront pour conséquence d'exorciser pour un temps la douleur et le chagrin laissés par le défunt. Toutefois, terminer par un fait saillant qui suscite l'admiration et éveille les meilleurs souvenirs.

Je ne peux pas passer outre l'envie de décrire un événement qui m'a laissé un souvenir de douceur à l'égard de la mort. C'était au cours d'un superbe après-midi de jeune été, dans un pays du nord de l'Europe. Je me trouvais dans mon jardin en train de lire quand j'ai entendu, au-delà de la haie mitoyenne, une rumeur dont je ne distinguais pas la nature. J'ai risqué un œil à travers les branches des troènes pour apercevoir une pelouse animée d'une bonne cinquantaine de personnes qui tenaient toutes un verre à la main et qui buvaient «à la bonne destinée» du patriarche de la maison qu'on venait d'enterrer. Tous y allaient à tour de rôle, qui de son évocation taquine, qui de son récit malicieux, qui de son souvenir comique. Et tout ce parterre, je dirais heureux, de remémorer les meilleurs passages de la vie du cher disparu. À regret, ils se sont quittés trois heures plus tard plutôt guillerets et laissant à mon esprit témoin une impression de ravissement. Cette candeur m'avait appris que la mort est certes un grand et mystérieux événement, mais que la célébrer avec tant de civisme apaise les sentiments inquiets qu'elle peut inspirer.

Depuis ce jour, j'ai envers la mort une espèce de conscience lumineuse qui me fait mieux comprendre la pensée de Louis Aragon: «Il est plus facile de mourir que d'aimer, c'est pourquoi je me donne le mal de vivre.»

LA POLITESSE CHEZ CONFUCIUS

Le yin et le yang

Le livre de Betty Kelen *Confucius, sa vie et sa légende* propose un passage étonnant de logique et d'altruisme, qui forment l'essence de la courtoisie. L'aspect encourageant de ce texte, que je m'efforcerai de traduire avec justesse, est que le grand maître assurait à ses disciples que n'importe qui pouvait devenir un homme supérieur. Il suffisait seulement de le vouloir. Au siècle de Confucius, être supérieur signifiait être excellent, comme le mot *courtoisie*, aujourd'hui. Il est aussi important de dire que le mot *homme* a ici le sens d'individu, de personne humaine.

Qu'est-ce qu'un homme supérieur? Selon Confucius, l'homme supérieur aime la qualité; l'homme médiocre aime le confort.

L'homme supérieur s'en remet à la décision du Ciel; l'homme médiocre compte sur la chance.

L'homme supérieur discipline ses désirs; l'homme médiocre aspire aux privilèges.

L'homme supérieur est amical mais pas intime; l'homme médiocre est familier et querelleur.

L'homme supérieur fait briller le meilleur chez autrui; l'homme médiocre préfère la calomnie.

L'homme supérieur est équilibré et à l'aise; l'homme médiocre est gêné et dans l'embarras.

L'homme supérieur recherche la justice; l'homme médiocre est opportuniste.

L'homme supérieur cherche à comprendre les grandes idées; l'homme médiocre s'arrête aux petits détails.

L'homme supérieur est préoccupé d'offrir le maximum; l'homme médiocre est soucieux d'obtenir le maximum.

L'homme supérieur est universel et impartial dans ses idées; l'homme médiocre est partial, donc ne peut pas avoir d'opinion universelle.

L'homme supérieur est exigeant envers lui-même; l'homme médiocre l'est envers les autres.

L'homme supérieur est toujours prêt à aider ceux qui veulent atteindre le même but que lui.

L'homme supérieur ne vit pas dans l'attente qu'on lui mente ou qu'on le trompe; mais si tel est le cas, il est le premier à le savoir.

L'homme supérieur parle posément, mais agit promptement.

L'homme supérieur est facile à servir, mais il est difficile de lui plaire.

L'homme supérieur est toujours fidèle à lui-même. Dans une situation de subordonné, il ne recherchera pas les faveurs. Comme dirigeant, il ne sera pas condescendant. Il est lui-même et content de l'être.

L'homme supérieur n'aime pas la médisance, les propos diffamatoires, la témérité et l'antagonisme.

L'homme supérieur est vigilant à l'égard de:

— ses yeux, qui lui permettent de bien observer;

— ses oreilles, qui lui permettent de bien écouter;

— son visage, de façon qu'il reflète la grâce;

— ses manières, pour qu'elles expriment sa considération pour les autres;

— ses mots, pour qu'ils soient sincères;

— ses négociations, pour qu'elles soient justes;

— ses problèmes, pour les bien résoudre;

— son argent, pour le gagner honnêtement.

Quelle aubaine, ce Confucius! Sans le savoir, il offrait à qui voulait l'entendre un condensé d'étiquette. Ce qui me fait penser que le mot *étiquette* est peut-être un dérivé du mot *éthique*: la petite éthique, qui nous serait livrée sous le label d'étiquette. Décidément, elle n'a pas de prix.

UN COUP DE GRIFFE

La carte de visite

Par les temps qui courent, oui ils sont pressés, la carte de visite tend à remplacer la correspondance. On l'utilise pour inviter, s'excuser, féliciter ou remercier. On n'y offre pas encore ses condoléances, ni ses vœux de Noël, mais ça viendra.

La carte de visite classique est en bristol blanc et peut avoir deux dimensions, soit 11 x 16 cm, soit 10 x 13 cm, et ces deux dernières sont les seules admises par la poste. Le grand chic est

de faire graver ses cartes de son nom et le dernier cri, qui est onéreux, de sa signature.

Presque toutes les fantaisies sont permises, que ce soit dans le choix du carton, de sa teinte, de la typographie, de la couleur d'encre, du logo de sa société ou du chiffre de sa maison.

Là où la fantaisie n'a plus cours, c'est dans les règles à respecter:

Usage de sa carte personnelle

Si un couple utilise une carte commune, elle est libellée au nom de: M. et Mme Paul Gauthier, ou du titre: Professeur et Madame Paul Gauthier. Si chacun des conjoints se sert de sa propre carte professionnelle, celle-ci porte le prénom et le nom de famille de chacun d'eux, qui ne sont jamais précédés de M. et Mme (Paul Gauthier) (Marie Pagé Gauthier).

Pour l'usage mondain, la carte d'une femme ou d'une jeune fille ne comporte pas son adresse. Les jeunes gens ne font jamais précéder leurs prénoms et nom de M. ou Mlle. Cependant, la carte d'une femme porte l'indication «Madame» en entier suivie de son prénom et de son nom, en Amérique du Nord, du prénom et du nom de l'époux, en Europe méridionale.

Dans le cas d'une femme divorcée, la carte peut porter le nom de son mari, si elle le souhaite, suivi du sien relié par un trait d'union: (Mme) Henriette Leblanc-Roy. Une veuve ne commettra pas l'erreur de faire inscrire «Madame veuve Aline Beaulieu».

L'adresse apparaît dans l'angle inférieur droit et le numéro de téléphone, dans l'angle inférieur gauche. Il serait de mauvais goût d'y mentionner ses titres et ses décorations.

Une carte de visite se rédige à la troisième personne et ne se signe pas. On s'adresse au destinataire également à la troisième personne: «Madame Henriette Coupal offre ses félicitations à Monsieur Luc Métivier pour la place d'honneur qu'il s'est méritée au concours X.»

Si l'on préfère s'exprimer à la première personne et si l'on désire apposer sa signature, on rayera son nom imprimé ou gravé d'un trait oblique.

Pour accompagner un cadeau ou des fleurs, la carte de visite ne porte que quelques mots d'usage: «Avec nos vœux affectueux» et est insérée dans une enveloppe de mêmes dimensions.

En Occident, on attend d'avoir été présenté et d'avoir engagé une conversation avant d'échanger ou de distribuer ses cartes de visite et ce geste n'a pas sa place dans un salon privé. La personne avertie notera sur son carnet le nom et les coordonnées de la personne dont elle veut retenir l'identité. Un homme ne remet pas sa carte à une femme dans une maison privée.

On peut convier des invités à une réception sur une carte de visite à la condition qu'elle soit de bon format (10 x 13 cm) et imprimée spécialement pour la circonstance. La formule *R.S.V.P.* signifie qu'une réponse est attendue et essentielle. Cette invitation est envoyée de deux à trois semaines avant la réception. Pourquoi ne pas préférer tout simplement un carton d'invitation?

Usage de la carte professionnelle

Dans le monde des affaires, la carte professionnelle a le même format qu'une carte de crédit et est fort en usage en Amérique du Nord et au Japon. Elle porte prénoms et nom, titre, fonction, numéro de téléphone et adresse professionnelle. Les titres universitaires sont utilisés, dans la mesure où ils ont un rapport étroit avec la fonction. Les fantaisies sont peu prisées dans ce cas, à moins que le titulaire appartienne à un milieu qui l'y autorise comme celui du spectacle.

Si l'on occupe plusieurs fonctions, une carte est imprimée pour chacune d'elles.

Pour un cadre qui voyage, la carte professionnelle est imprimée dans sa langue au recto, et dans celle du pays d'accueil, au verso.

À table, il est discourtois de distribuer sa carte à moins qu'il ne s'agisse d'un repas d'affaires et que l'échange se fasse discrètement. À un repas, on n'est pas au casino et, façon de parler, il n'est pas de mise de jouer cartes sur table.

Quelle que soit la carte, elle doit être impeccable et représenter la personne qu'elle identifie. Elle ne doit jamais être cornée, sale ou raturée (pour corriger).

Si on devait changer d'emploi, on veillera à renouveler sa carte et à ne jamais distribuer celle de son ancienne entreprise. Dans ce cas, on tâchera de remplacer les anciennes cartes auprès de ses relations d'affaires.

En dehors des institutions gouvernementales et bancaires, il est de rigueur de toujours accompagner un chèque ou un reçu de sa carte de visite.

LES CARTONS D'INVITATION

Ils sont gravés ou imprimés pour les grandes occasions. Des lignes en blanc sont destinées au nom des invités, au jour et à l'heure de la réception, du bal ou du dîner. La formule *R.S.V.P.* exige une réponse qu'on néglige malheureusement trop souvent et qui rend la tâche encore plus difficile aux hôtes et aux organisateurs. La mention *tenue de ville* signifie costume sombre, et *cravate noire*, smoking.

Quel que soit le genre de réception à laquelle vous êtes convié, s'il vous plaît, ne demandez pas si vous pouvez vous présenter avec vos enfants ou vos animaux. En vous adressant un carton d'invitation, on ne vous a pas donné... carte blanche. Parfois, un carton d'invitation est envoyé de 2 à 3 mois à l'avance et on répond sous 72 heures.

Pour la réception suivant un mariage, le carton d'invitation est inscrit au nom des deux mères des mariés et inséré dans le faire-part.

À un bal, les invitations sont lancées de 6 à 8 semaines à l'avance et au nom de l'hôtesse.

Aux réceptions officielles, les invitations sont adressées 2 semaines à l'avance pour un déjeuner, et 3 pour un dîner. Ne pas oublier les 72 heures de délai.

L'important est de ne pas... brouiller ses cartes!

LA MÉTHODE DU DISCOURS

Des mots pour le dire

Il n'est pas primordial d'être harangueur comme Cicéron ni grand orateur comme Démosthène pour se sentir les cordes (vocales) en condition de prononcer une allocution en public. La vie se charge de nous en donner l'occasion et il est essentiel d'y faire face. Ah! si on savait tout ce qu'elle nous réserve (la vie), combien de gens refuseraient moins les enseignements qui leur sont proposés en balayant l'air de la main d'un air blasé, disant: «Ce n'est pas pour moi».

«Cueillez les roses de la vie» a le même sens que «Saisissez tout ce qui s'offre», à l'exception des bonbons que les enfants n'accepteront pas de mains inconnues.

Si l'on vous propose d'apprendre à poser votre voix, à vous initier à l'Ikebana, à tenir votre comptabilité, répondez: «Présent!» Et si l'occasion s'offrait à vous d'apprendre l'art d'adresser un discours, précipitez-vous. Devenez disciple de cet indispensable gourou.

Un discours est un agent fort utile dans les situations inopinées. Les occasions ne manquent pas et vous ne pourrez pas y échapper. Le jour où le patron vous offrira une promotion (*Inch Allah*), les collègues vous feront la surprise de souligner l'événement en vous invitant à boire un verre et vous complimenteront. Il vous faudra remercier par une petite adresse. Votre entourage apprend que c'est votre quinzième anniversaire de mariage; on se réunit pour vous féliciter. Quoi de plus normal que de répondre par quelques phrases bien tournées?

Les occasions de prononcer une allocution ne manquent pas: à un mariage, un anniversaire, un gala, une réunion à l'étranger, en représentation, à table comme invité d'honneur, même chez vous pour souhaiter la bienvenue à vos hôtes.

Le discours est révélateur de votre personnalité, de votre culture, de votre savoir-faire, de votre humour et de votre charme. N'en soyez pas trop ladre. Évitez la fâcheuse habitude de perdre contenance et d'hésiter dès que vous devez faire face à un public.

Pour réussir un discours déjà annoncé, il faut s'y préparer. Le but d'un tel projet est d'atteindre son public et d'emporter l'adhésion de son auditoire.

L'orateur veillera à se présenter dans des vêtements adéquats à la situation et à paraître impeccable. La coiffure sera soignée, le maquillage (s'il y a lieu) sera bien dosé, les chaussures seront propres et bien cirées. Les mains seront posées sur le pupitre ou la table devant soi, si l'on est assis, ou le long du corps ou à la taille, si l'on est debout. Les messieurs auront leur veste boutonnée et auront soin de ne pas garder les mains dans leurs poches; elles peuvent être jointes derrière le dos. Les dames ne croiseront pas leurs bras sur ou sous la poitrine, surtout si celle-ci peut être comparée à une mappemonde. Le maintien est très éloquent dans le discours, façon de parler. Le corps ne devra pas être abandonné sur la chaise ni être étiré au-delà d'un territoire acceptable. La gestuelle sera parcimonieuse et les phrases ne seront pas toutes ponctuées par des mouvements répétés des mains. Les tics seront, dans la mesure du possible, contrôlés, même si ceci paraît paradoxal. Se gratter le bas du dos ou suçoter ses ongles incessamment peut rompre la concentration souhaitée.

Le plus important attribut d'un orateur est sa voix; elle doit être claire et limpide. La parole sera articulée. Ceux qui ont des problèmes d'élocution ou de prononciation auraient intérêt à avoir recours à un spécialiste. Le volume de la voix ne sera pas trop élevé. Les techniciens du son en font des essais avant le début de la conférence ou du séminaire. Le timbre ne sera ni trop aigu ni trop bas. Le conférencier adoptera un ton agréable qui découragera l'ennui; bien au contraire, il veillera à moduler les inflexions de sa voix pour rendre le discours vivant et plus attrayant. Le débit sera tempéré; on ne parlera ni trop lentement ni trop vite. La diction sera irréprochable. Le style du discours sera pur et non pas pompeux. Il ne sera jamais vulgaire, mais original, précis et transparent. Le beau naturel est une valeur sûre et le charisme est un atout considérable dans l'art du discours. La grande rhétorique est de plus en plus désuète dans la parole contemporaine et relève d'un don et d'un savoir qui n'appartiennent pas à tout le monde. Citer le moins possible les grands auteurs et encore moins farcir la conférence de phrases latines. Bossuet est mort! Vive Bossuet!

Pour réussir un discours, il est à conseiller d'en établir un plan afin d'éviter de tenir des propos décousus et dépourvus de sens. Le sujet est évidemment ce qu'il faut déterminer tout d'abord. La connaissance de ce sujet s'acquiert ensuite grâce à une recherche approfondie.

L'ordre chronologique doit être entièrement respecté. Tout préambule sera stimulant, attirant comme un hors-d'œuvre ou une entrée qui doivent mettre l'eau à la bouche. Il met l'auditoire en haleine. Son but est d'énoncer ce qui suivra, c'est-à-dire le développement de l'exposé. S'assurer qu'il est fidèle au plan et que les objectifs en sont bien définis. Dans le corps du discours, on étalera ses idées, on fournira des solutions aux problèmes et on fera part de propositions. En guise d'épilogue, faire un résumé de ce qui a été dit, enchaîner avec la conclusion et surtout ne pas oublier l'humour, la pirouette qui a toute sa raison d'être à ce point. C'est la cerise sur le gâteau.

Pour ceux dont la voix est étranglée par l'émotion et qui sont victimes du phénomène de la voix blanche, faire quelques exercices de respiration avant de parler ou tout simplement s'offrir un petit verre de vin rouge qui rallume le courage en veilleuse. Moi qui suis myope, je retire mes lunettes pour m'offrir un spectacle impressionniste. L'assemblée devant moi devenant floue, je ne risque pas de rencontrer des moues incrédules ou mécontentes et les bâillements répétés m'apparaissent comme des oh! d'admiration et d'approbation. C'est un peu l'effet du tigre dans le moteur.

Pour se débarrasser du stress ravageur, il est à recommander de répéter quelques jours avant le jour *J*, devant la glace, en surveillant les intonations. Certains s'enregistrent sur un magnétophone et apportent les corrections voulues après cet exercice assez exigeant. Avant d'entrer en scène, entretenez-vous avec quelqu'un qui sache vous détendre.

Une période de questions est à prévoir en fin d'assemblée. Comme les scouts, soyez prêt!

Maintenant, assez de discours, des faits!

RÉUSSIR UN BON ENTRETIEN

Le dialogue courtois

1. Soyez un excellent écouteur. Ne soyez pas pressé de discuter de votre agenda. Sachez être mondain. *Time is money*, on sait. Mais ce temps que vous passez à écouter est très important, surtout au Moyen-Orient.

2. Veillez à ce que votre voix soit claire et votre discours articulé. Si vous avez des problèmes d'élocution, n'hésitez pas à consulter un spécialiste. C'est majeur.

3. Le contact des yeux est vital. Regardez votre interlocuteur sans relâche. Au cocktail, établissez des contacts avec les yeux. On viendra vers vous.

4. Ne riez pas de votre propre humour. Laissez les autres le faire.

5. Ne riez pas aux dépens des autres et ne pointez pas les gens du doigt. Les objets seulement sont montrés du doigt.

6. Évitez d'avoir la pupille valium et de vous endormir pendant que les autres parlent.

7. Soyez courtois. N'interrompez pas la personne qui parle et n'essayez pas de parler par-dessus sa voix. Si vous avez remarqué que vos collègues ont cette mauvaise habitude, faites-le-leur remarquer gentiment. N'ébruitez pas les potins ni des intrigues. Évitez d'étendre les scandales. Soyez discret.

8. Ne poursuivez pas en conversation mondaine au-delà de dix minutes dans les réunions. Utilisez-les seulement comme préambule à vos débats. Choisissez un sujet dont on parle avec intérêt: dernières nouvelles à la télévision, sports, famille. Discourez avec intérêt, avec passion même.

9. Lisez les journaux. Soyez une personne avertie des événements courants afin de soutenir les conversations.

10. Sachez parler du marché, du dernier Nobel. Évitez de parler de cancer, de sida ou de Sarajevo. En affaires, exprimez de préférence le positif.

11. Évitez de parler de divorce, d'hypothèque, du prix de votre maison, de votre régime amaigrissant, de l'âge de vos interlocuteurs, etc. Ne répondez pas aux questions d'ordre personnel.

12. Évitez le langage vulgaire. Il fait rire de moins en moins. N'insultez pas les gens qui vous parlent. N'acceptez pas ce genre de langage dans votre entreprise. Non seulement il détruit l'apparence de quelqu'un, mais il diminue le profil de votre société. Au lieu d'utiliser des jurons ou de mauvais mots, contrôlez-vous et apprenez à vous discipliner. Donnez du

lustre à la langue que vous utilisez. Bannissez les *OK* répétitifs et les anglicismes tels que: *canceller, dispatcher, c'est l'fun.* Sans parler avec recherche, il faudrait faire un petit effort pour sortir du langage fade. Soyez fier de bien parler. Il est faux de penser que c'est du snobisme que de bien s'exprimer. Au contraire, ceci prouve que vous avez de l'assurance et que vous savez bien présenter vos sujets et vos produits. Recherchez le mot juste. Notre langue s'y prête si bien. Exprimez-vous dans votre discours et dans vos lettres de façon fluide et non pas laborieuse. Intéressez ceux qui vous écoutent.

Soyez stimulant. La réceptionniste a un rôle majeur à jouer. Elle ne doit jamais laisser l'impression d'être irritée, blasée ou à bout de patience.

Il est de plus en plus difficile de converser, la pratique devenant plus rare à cause de l'usage abondant qu'on fait du magnétoscope, de la télévision, des ordinateurs.

Exercez-vous en dînant souvent avec vos enfants. Lancez un sujet et encouragez la discussion. Ce moyen non seulement vous aidera tous à reprendre le sens du dialogue mais resserrera les liens de famille qui se relâchent de plus en plus.

SAVOIR «SE VENDRE»

Les chasseurs de têtes ne sont pas des Jivaros

Pour parler le langage de nos jeunes en quête d'emploi: «Chercher un job, c'est pas évident. En tout cas, c'est ben d'l'ouvrage!» Un pléonasme! Ils ne croient pas si bien dire. Aujourd'hui, il est intéressant d'observer que ceux qui ont encore leur emploi, et je parle malheureusement sans ironie, sont souvent ceux qui sont aussi efficaces qu'agréables et courtois. Comme nul patron n'a reçu à ce jour le pouvoir d'ubiquité, il délègue ses tickets de présence à qui le mérite. En outre, la clientèle, c'est prouvé, va là où on la traite bien.

Le postulant soumet d'abord son *curriculum vitae* (CV), qui est en soi un travail d'Hercule. Puisque le but de ce portrait intellectuel est de plaire à un nombre maximum, on a tendance, passez-moi l'expression, à mettre le paquet. C'est la première erreur à ne pas commettre. L'information que l'on donne doit convenir au poste convoité, ni abondante ni laconique. Il est cependant très compliqué de discerner entre les deux, l'hésitation se faisant souvent sur un détail qui pourrait changer le cours d'une carrière.

Un bon conseil au postulant serait qu'il se mette à la place de l'employeur et qu'il se pose les questions suivantes:

«Quelle est la caractéristique qui vous distingue de la multitude qui s'apprête au même exercice que vous?» «Savez-vous quel est votre cheval de bataille?» Appliquez-vous à le découvrir car vous miserez sur lui.

Un CV doit contenir l'information élémentaire suivante: le nom entier du candidat, son adresse au complet et son(ses) numéro(s) de téléphone, sa nationalité et son statut marital. La date de naissance est signalée à la discrétion du candidat.

L'école secondaire, le cégep, le collège et institutions de formation supérieure doivent apparaître accolés aux années qui leur appartiennent. Il est important de citer les concours gagnés, les mentions d'honneur méritées et les notes honorables reçues. Les emplois ou le développement de carrière suivent par ordre chronologique, en commençant par la dernière occupation. Les dates sont essentielles pour accompagner chaque emploi et, s'il y a eu des périodes creuses, il faut en donner une brève explication.

Ceux qui sont à la recherche de leur premier emploi et qui, naturellement, ont peu à dire sur leur carrière devraient au moins faire mention des moindres expériences qui pourraient permettre de juger de leur sens des responsabilités et de leur volonté de travailler. Les hobbies et les intérêts divers doivent être proposés en dernier lieu. Ils attirent souvent l'attention car ils sont parfois plus éloquents que le résultat d'un examen.

Un soin extrême doit être apporté à la présentation d'un CV. Le papier doit être distingué et de texture élégante. La nuance se situera entre le blanc, le beige, l'ivoire, le perle ou le coquille d'œuf. Les couleurs fantaisie n'ont absolument pas leur place dans ce contexte. On choisira des caractères de traitement de texte agréables à lire et surtout, on révisera son texte de nombreuses fois afin de s'assurer de l'absence totale de fautes de grammaire ou d'orthographe et de coquilles typographiques. Les erreurs ne seront pas gommées ni camouflées sous du liquide correcteur. La technologie permet la perfection.

Pour certains emplois, on demande de remplir un questionnaire souvent compliqué, nébuleux et détaillé. Il faut fournir un effort soutenu pour répondre le mieux possible à toutes les questions. Toutefois, soyez sélectif, concis et bref dans l'information pertinente que vous donnez. Si ce questionnaire devait être rempli sur les lieux de l'emploi, apportez avec vous un document sur lequel sont notés tous les faits élémentaires et les dates dont vous aurez besoin. Si vous avez fait une erreur, demandez de remplacer le papier en présentant vos excuses plutôt que de raturer et de salir une copie qui dénotera une attitude ou un comportement délabrés.

La lettre de présentation qui accompagne votre CV vous distinguera de la majorité des postulants qui jugent ce procédé inutile. Assurez-vous que votre lettre soit écrite en cohérence avec l'information requise dans l'annonce qui vous a attiré. Vérifiez que le nom précédé de Monsieur/Madame, le titre (très important), l'adresse et le code postal de votre correspondant soient rigoureusement exacts et bien épelés. Votre texte reflétera l'originalité, la distinction, la simplicité et la compétence. Il est préférable d'adresser son CV et sa lettre à une personne spécifique plutôt qu'à une raison sociale ou à un directeur de département quelconque. L'entreprise vous fournira cette information au téléphone.

Votre lettre d'accompagnement doit établir si vous répondez à une annonce (mentionner le nom du journal et sa date) et essayez de produire de l'effet et une réaction positive en expliquant pourquoi vous croyez mériter le poste annoncé en rubrique. Imprégnez votre énoncé d'enthousiasme non seulement pour le poste mais aussi pour l'entreprise, décrivez vos aptitudes pour ce travail et votre ambition de réussir, tout cela appuyé par vos qualifications et votre expérience. Il serait judicieux d'indiquer si vous êtes présentement employé ou si vous êtes immédiatement disponible. Ne vous précipitez pas sur votre calendrier pour proposer une date de rencontre. Ce n'est pas à vous que cette tâche revient. Votre lettre comportera aussi l'adresse et le numéro de téléphone où on peut vous atteindre, le jour et le soir, et sera dûment signée de votre main. Le papier sera autant que possible le même que celui qui aura servi à votre *curriculum vitae* (ce mot toujours écrit dans son entier et non pas remplacé par *CV*) et vous écrirez sur le recto seulement. Il est recommandé que cette lettre se limite à une seule page. Avant de l'envoyer, faites quelques photocopies pour vos archives personnelles. Si le tout est trop volumineux, une grande enveloppe enfermera l'ensemble du document non plié. Si le CV ne dépasse pas trois pages, il pourra alors être plié, la lettre de présentation étant sur le dessus, et sera inséré dans une enveloppe format standard.

Enfin, vous êtes sélectionné pour l'entrevue. Le jour J et l'heure H sont fixés. La ponctualité est capitale dans ce cas. Arrivez toutefois 15 minutes avant le rendez-vous, quitte à attendre dans le vestibule ou le hall de l'immeuble. À l'heure précise, et pas avant, ce qui pourrait trahir votre manque d'assurance, vous vous présentez à la réception, vous y donnez votre nom en entier et le nom de la personne que vous devez rencontrer. Si vous avez eu le malheur d'arriver en retard, vous devez absolument vous en excuser et, si on vous fait attendre, ne vous en offensez pas. Je ne vous conseille pas du tout le retard car il indique un manque flagrant de courtoisie et est un misérable préambule à toute entrevue. L'impression ainsi laissée agira infailliblement au détriment de votre candidature.

Pendant l'attente, si elle a lieu, observez si une revue ou un dépliant sur l'entreprise sont en évidence ou offerts sur une table de chevet. Si oui, lisez-les avidement. Plus vous en saurez sur la maison, mieux l'information servira à l'entrevue.

Il y a des entreprises qui exigent de la réceptionniste qu'elle soit attentive au comportement des candidats qui attendent leur tour. Si vous deviez engager la conversation avec elle, veillez à ce que vos propos soient neutres et charmants, jamais inquisiteurs.

Qu'on se le dise, même si cela semble injuste, la première impression est cruciale. Après les présentations brèves et une franche poignée de main, offrez un sourire pour un sourire, l'œil vif, l'air aimable, le maintien droit et impeccable, une aisance apparente, et laissez l'initiative à la personne chargée de l'entrevue. C'est elle qui vous désignera un siège. Ne vous y asseyez qu'une fois invité à le faire. Si on l'oubliait, demandez gentiment: «Puis-je m'asseoir ici?» Surtout, ne poussez pas le style décontracté jusqu'à demander la permission de fumer. Jamais. Ne prenez pas trop d'espace vital et n'envahissez pas de votre torse et de vos bras le bureau qui vous sépare de votre interlocuteur. Si des petites questions assassines surgissent, ne changez pas d'attitude et surtout ne prenez pas l'air navré, vague ou ahuri. Faites votre simple possible pour répondre. Soutenez le regard de la personne en face de vous avec un œil plein d'intérêt. Évitez le regard canon agressif et, dans les moments d'hésitation, n'étudiez pas en détail la confection de vos chaussures. Vous n'êtes pas sur la chaise électrique. Visez l'air décontracté, ni abattu ni arrogant, en vous concentrant uniquement sur votre objectif, votre défi. Vous n'êtes pas en présence d'un technicien du scanner et personne n'a l'intention de vous autopsier. Restez calme. Ne «phosphorez» donc pas.

La mission d'un chasseur de têtes est de conseiller en recrutement et de dénicher le plus vite possible le candidat idéal pour un poste précis. Cette personne n'est pas là pour vous mortifier ni pour vous humilier, mais pour vous aider, vous comprendre, vous définir, et évaluer votre contribution à l'entreprise. Votre comportement envers elle sera le même que devant toute personne liée aux ressources humaines d'une entreprise menant une entrevue.

Vos vêtements seront choisis avec soin, mais ils seront surtout sobres et propres. Soyez à votre avantage dans une tenue qui vous va bien. N'ayez pas l'air endimanché dans un costume étriqué si le chandail sur la chemise vous sied mieux. Ce qui est important dans votre aspect vestimentaire, c'est d'être net, confortable et gentiment sûr de vous. Les femmes ne rechercheront pas le *look sexy*, tapageur ou excentrique. Le malentendu pourrait être regrettable. Il faut dire que le vêtement doit toujours être en parfaite conjonction avec le poste brigué. Au nom du ciel et des fosses nasales de votre interlocuteur, ne vous parfumez pas avant de vous enfermer une heure dans un espace réduit. Sentez le frais.

Il est plus joli et agréable de faire suivre un oui ou un non de *madame* ou *monsieur*, autrement la conversation paraîtra truffée d'onomatopées ennuyeuses et disgracieuses. Évitez autant que possible de ponctuer chaque phrase dite ou entendue par un *OK* (ou un *ouais*) banal et peu représentatif.

Les entrevues n'ont pas toujours lieu dans l'environnement d'un bureau. Il se peut qu'on vous invite à un bar et qu'on vous offre un verre pour échapper à la formalité de la circonstance et aussi pour étudier votre comportement dans une situation plus sociale. Aux États-Unis, le dernier test à passer à une entrevue est d'aller déjeuner ou dîner au restaurant avec une experte en étiquette pour établir le dernier score. Cette récente méthode aide à déterminer un choix entre les derniers candidats retenus en éliminatoire. C'est en quelque sorte le sprint final. Attention aux manières à table: elles sont révélatrices de votre éducation, de votre profil et de votre personnalité. À Toronto, cette procédure est déjà adoptée. Demain, elle le sera chez nous!

Soyez très informé sur l'entreprise qui offre un emploi. Sachez ce qu'on y fait, ce qu'on y produit, ce qu'on y offre. Soyez au courant de son plus récent chiffre d'affaires, de son internationalité, de son esprit d'équipe et des salaires qu'on y pratique.

Soyez assuré que le poste et la description des tâches vous conviennent parfaitement.

Si vous avez une expérience à l'étranger à signaler, faites-en part dans votre CV et au cours de l'entretien.

N'exagérez pas votre expérience, ni ne gonflez vos qualifications, ni ne faites croire en de fausses connaissances. Tout est vérifié.

Ne camouflez pas vos faiblesses; ne les étalez pas non plus. Si vous êtes un solitaire ou un taciturne, il faut le dire.

Déclarez votre sens de la hiérarchie, s'il est authentique.

Si le poste offert est à l'étranger, parlez de vos disponibilités. Si vous avez de jeunes enfants, informez-vous sur le système scolaire du pays, l'ordre qui y règne et les différents aspects qui peuvent intéresser votre famille.

Si vous avez été sélectionné pour l'entrevue, c'est qu'on vous a remarqué. N'en rajoutez pas. Donnez des réponses concises et dynamiques. N'affichez ni désinvolture ni grande volubilité. Sachez vous taire et é-c-o-u-t-e-r, la vertu la plus cardinale à une entrevue.

Si on vous demande des références, vous êtes obligé de les fournir. Prendre l'initiative de les offrir peut parfois agir à votre détriment. Validez-les avant de les présenter, sinon elles peuvent réserver de désagréables surprises. Appelez les personnes concernées, initiez-les à votre projet et voyez ce qu'elles en pensent. Si les réactions sont négatives, n'insistez pas. Sans chercher à éblouir, trouvez une référence qui vous appuiera avec sincérité et autorité. Il va sans dire qu'il faut demander la permission à qui de droit avant.

Imaginons que votre précédent employeur vous ait congédié. Il faut en donner les raisons brièvement, histoire de se montrer transparent. Il se peut qu'un congédiement collectif ait eu lieu pour des raisons économiques. Précisez-le. C'est un lieu si commun de nos jours que personne ne s'en étonnera.

Si votre précédent employeur vous a remercié à cause d'un manque de compétence, vous n'êtes absolument pas tenu de le déclarer. Mais si on exige de vous que vous fournissiez son nom et ses coordonnées, il est extrêmement difficile de l'éviter. Dans ce cas, il faudra faire état de ce qui est arrivé, mais de froide façon afin de ne perdre ni vos moyens ni la face. Les raisons suivantes pourront être évoquées: conflit d'intérêts ou/et de personnalités, malentendus à l'égard de la description des tâches ou stress dû à des raisons personnelles comme un divorce ou le décès d'un être cher.

Il est dans votre intérêt de ne pas dénigrer votre dernier employeur. Soyez loyal et digne. Si vous deviez avouer vos erreurs, vous pourrez peut-être bénéficier de la compassion ou de la compréhension de la personne qui vous interroge en l'assurant que vous avez déjà beaucoup appris à travers elles.

Les personnes qui savent gérer leur carrière doivent parfois se mettre à la place de leur patron et se poser la question: «Quelles sont les raisons qui me poussent à l'embaucher?» C'est alors que vous pourrez jouer vos plus fortes cartes et vos plus puissants atouts, avec la conviction que vos qualifications et votre expérience sont uniques et fort appréciables dans l'arène du travail. Démontrez que vous avez la volonté et l'enthousiasme de faire face aux responsabilités qui vous sont offertes même en travaillant des heures supplémentaires. Ne poussez pas le zèle jusqu'à parler de week-ends: on les tiendra peut-être pour acquis.

Si c'est vous qui avez quitté votre emploi, donnez-en les motifs, qui seront crédibles, valables et bien formulés. Ne vous engagez pas dans de grands développements. En tant que personne libre et sûre d'elle, vous n'avez pas trop d'explications à donner. Mais ne perdez pas de vue que votre éventuel employeur ne souhaite pas investir dans un employé instable, capricieux et prétentieux. Il a en tête de vous garder longtemps et de vous inscrire dans son fonds de retraite.

Prenez la liberté de poser quelques questions sur le poste si vous les jugez nécessaires, mais en évitant d'être trop direct, trop percutant, voire indiscret. Prenez le risque de demander depuis quand le poste est vacant et combien de personnes l'ont occupé durant les cinq dernières années. Il est bon de montrer de l'intérêt sans pour autant conduire l'entretien. Bavards, faites preuve d'abstinence! Ne vous laissez pas emporter par vos envolées lyriques; s'il vous plaît, ne bifurquez pas sur un autre sujet et contrôlez votre temps d'antenne. Ne vous vantez pas sans cesse en utilisant la même phrase en leitmotiv: «Je suis efficace. Je suis le meilleur!» Laissez cela à Mohammed Ali, pardi! On ne sait pas encore que vous êtes un as, ce sera à vous de le prouver.

En parlant de vous, apaisez quand même vos ambitions. Pas de bouchées doubles. On vous les donnera assez vite. Les objectifs irréalistes ne sont pas crédibles. Quelle erreur que de surestimer ses capacités! Démosthène l'a dit avant moi: «C'est de la folie que d'entreprendre quelque chose au-dessus de ses forces.»

Ne vous laissez pas intimider. Gardez en permanence un agréable contact avec les yeux, écoutez et tenez un discours pertinent et concis.

L'entretien se termine lorsque la personne qui l'a mené entame les paroles d'épilogue. Le candidat devra remercier pour le temps mis à sa disposition et l'intérêt manifesté. Le deux interlocuteurs se serreront la main, debout, en affichant de part et d'autre une expression de confiance et d'optimisme. Il n'est pas superflu de demander quand on peut espérer connaître la décision finale.

Si vous avez gagné, bravo! Mais si, du premier coup, vous ne l'avez pas emporté, n'allez pas vous pendre. Vous venez de vivre une expérience qui vous aura beaucoup appris et qui vous aura sans doute donné le goût de recommencer et d'envisager des façons d'être encore meilleur la prochaine fois. Car d'autres occasions se présenteront à vous. Maintenant, vous vous connaisssez mieux et vous savez où exactement le bât a blessé. En outre, votre chasseur de têtes vous connaît davantage et, vous ayant dans ses classeurs, il vous proposera le poste superlatif qui est fait pour vous. Du sur mesure.

majeure. S'excuser avant de raccrocher si on a composé le mauvais numéro;

— Se lever quand un visiteur étranger à l'entreprise ou quand un collègue chevronné entre dans son bureau;

— Serrer fermement et franchement la main plutôt que de la broyer à l'arrivée et au départ d'un visiteur;

— Ne pas lésiner sur l'usage des titres: *Monseigneur, Monsieur le premier ministre, Excellence, Docteur, Maître, Madame, Monsieur;*

— Cultiver l'art du bavardage en sachant quand l'entamer et quand le terminer. Il est souvent essentiel en négociation et sert de trait d'union entre des discussions sérieuses et laborieuses;

— Exiger de soi-même ce qu'on demande aux autres. Montrer l'exemple. Être à un poste de commande réclame l'excellence absolue et permanente.

Ai trouvé dans une revue, d'un auteur anonyme anglophone, cette prière de la secrétaire:

«Seigneur, aidez-moi à accomplir mon travail le mieux possible, à avoir la mémoire d'un éléphant, et grâce à un de vos miracles, à faire cinq choses à la fois, à répondre à quatre appels téléphoniques pendant que je tape une lettre qui doit partir aujourd'hui. Même si cette lettre ne sera pas signée avant demain, s'il vous plaît, Seigneur, donnez-moi la force de me contrôler en gardant le silence.

Seigneur, ne permettez jamais que je succombe à la tentation de perdre patience, même quand le patron m'oblige à chercher pendant des heures un dossier qui se trouve déjà sur son bureau.

Donnez-moi l'intelligence d'un professeur d'université malgré mon diplôme d'école secondaire et ma formation en secrétariat.

Aidez-moi à déchiffrer ses pensées autant que son écriture et à comprendre tous ses désirs sans qu'il ait à m'en donner les explications.

Faites-moi toujours savoir exactement quand mon patron est à son bureau, quand il le quitte et quand il reviendra car il ne m'informe jamais de ses déplacements ni de ses allées et venues.

Et encore, Seigneur, à la fin de l'année, donnez-moi la prévoyance de savoir ne pas détruire des documents qui seront exigés deux jours plus tard et pour lesquels ON avait donné l'ordre spécifique de se débarrasser parce qu'ils devenaient encombrants.

Au nom de toutes les secrétaires du monde qui ont des patrons semblables au mien, je demande toutes ces bénédictions, Seigneur. *Amen.*»

DE L'ABUS DE LA TECHNOLOGIE

Trop, c'est trop!

Alors que j'assistais un jour à des funérailles nationales, j'ai eu la douloureuse stupéfaction d'entendre sonner un téléphone cellulaire qui se trouvait enfermé dans le porte-documents d'un jeune cadre à quelques bancs de moi et j'ai dû me résigner à la sombre réalité que nous, c'est-à-dire la société et moi, étions en difficulté. Je ne pouvais pas m'empêcher d'entendre discuter cet importun de son emploi du temps et préparer une réunion de travail et je me suis surprise à implorer Dieu de couper sa ligne téléphonique. Est-ce par déformation professionnelle, mais il m'arrive d'enregistrer toutes les gaffes, les faux pas et les fautes de goût de l'ère de l'informatique.

En attendant que le décorum s'accorde avec la technologie, voici ce que je suggère:

— Le plus rapide court-circuit à toute discussion est sans doute l'apparition d'un ordinateur de poche et de ses bruits extraterrestres. Il vaut mieux prendre note d'un tuyau en Bourse ou d'un numéro de téléphone sur une serviette de papier à un cocktail ou sur une carte d'affaires que sur l'abominable Power Book qui prendra toujours trop longtemps à s'allumer et qui risquera de tuer l'intérêt (s'il y en avait) de l'interlocuteur;

— Un message sibyllin émergeant d'une boîte vocale ne remplacera jamais un mot charmant de remerciement écrit à la main ou dit par une voix humaine. Jamais! On ne peut pas faire mieux. Et quand je dis charmant, j'entends que ce mot devrait être plus éloquent que: «Merci de nous avoir prêté votre chalet tout l'été»;

— Par la même occasion, on s'adressera aux répondeurs téléphoniques avec un certain... respect. Évitez les chiffres avalés, les messages marmonnés ou lancés en staccato que seuls un commissaire priseur et un commentateur à Blue Bonnets sauraient interpréter. Ceux qui ne peuvent pas résister à la tentation d'interrompre une conversation pour prendre un appel en attente (comprenez que c'est grossier) sont priés de présenter leurs excuses aux victimes de ce fléau. On peut aussi s'excuser avec des roses;

— Encore plus prétentieux: il n'y a pas si longtemps, le jeune homme imbu de testostérone démarrait en trombe dans la décapotable de son papa en s'assurant, par des regards furtifs dans le rétroviseur, que le vent n'avait pas dérangé les accents brillantinés de sa coiffure. Le must d'aujourd'hui est de s'accrocher un téléphone cellulaire à la mâchoire et de prétendre s'abîmer dans d'importantes conversations qui n'ont rien de plus banal que: «Hé! devine d'où j't'appelle?» J'ai également appris que certains s'achètent des imitations de cellulaires pour jouer à James Bond;

— Les *beepers*, exception faite pour les médecins de garde, devraient être muets au restaurant, au théâtre et à l'opéra, surtout durant les airs de *Turandot* de Puccini. Croyez-moi, lorsque vous vous précipitez, dans la partie orchestre du théâtre, par-dessus huit personnes pour effectuer un appel, personne, entendez-vous, personne ne pensera: «Dieu est grand! Dans Son infinie bonté, Il m'a fait l'honneur de me placer à côté de quelqu'un d'aussi important!» Non, car tout ce monde auquel vous aurez écrasé les orteils vous méprisera et aura probablement à votre sujet des mots qui n'apparaissent pas dans les chroniques sur l'étiquette. D'ailleurs, tout ce monde saura sans doute que votre urgente communication était en provenance de votre foyer conjugal et vous sommait d'acheter un litre de lait 2 % en rentrant à la maison. La solution est de porter sur soi un *beeper* muet qui envoie des ondes vibratoires en espérant qu'il donnera à son propriétaire un frisson insoupçonné du reste du monde;

— S'il vous plaît, épargnez à votre fax vos lettres d'amour poétiques, vos invitations au mariage de votre fils et vos lettres de condoléances. En plus d'être du domaine strictement privé, ces communiqués sur papier flasque et inélégant parviennent à leur destinataire par la voie d'un hoquet électronique fort disgracieux. Il en va de même pour l'avalanche de courrier publicitaire indésirable; non seulement il est grossier de l'imposer au télécopieur mais il est considéré politiquement incorrect. En outre, le papier fax n'est pas biodégradable.

Ces exhortations ne vous paraissent-elles pas raisonnables? Je dirai que, oui, elles le sont. Comme tout ce qui est du domaine de l'étiquette, elles relèvent de la logique et de la considération, dont nous sommes en manque ces derniers temps. Bien sûr, la technologie nous rend d'innombrables services en cette fin de siècle. Qui n'est pas reconnaissant de participer à un appel-conférence familial avec des parents âgés qui sont dans un centre d'accueil ou encore avec des amis de pays lointains? Vivent le courrier électronique qui nous trouve des donneurs d'organes et les programmes d'ordinateur qui apprennent à lire. Si seulement quelqu'un pouvait inventer un logiciel qui enseignerait les bonnes manières, j'atteindrais sûrement le nirvana de l'ère technologique.

LES BONNES MANIÈRES AU TÉLÉPHONE

Figure de proue souriante

D'après l'Organisation internationale des communications, le Québec serait le plus grand usager du téléphone au monde. D'après mon expérience, les préposés au service à la clientèle des sociétés de communication canadiennes sont les plus gentils, les mieux entraînés et les plus compétents. Voilà une note enviable. Mais pourquoi ces valeurs ne s'étendent-elles pas partout ailleurs: à la maison, dans les entreprises ou les institutions gouvernementales?

Les entreprises qui enseignent à leur personnel les bons usages au téléphone font de bonnes affaires. (Bell est en montée vertigineuse, apprend-on par la presse financière.)

Les premières impressions que donne une entreprise sont capitales; les gaffes et les fautes de goût au téléphone coûtent cher aux sociétés.

Les sondages démontrent que les premières 4 à 6 secondes de conversation téléphonique sont déterminantes sur l'impression qu'on peut avoir d'une entreprise. Plus que jamais, le téléphone est le moyen le plus en usage pour traiter des affaires.

APRÈS COMBIEN DE SONNERIES FAUT-IL RÉPONDRE AU TÉLÉPHONE?

Il est inacceptable qu'une entreprise laisse sonner son téléphone 4 à 5 fois avant que l'on ne réponde. L'appelant juge mal le professionnalisme d'une compagnie où personne n'est assigné pour répondre au téléphone et conclut que, à cause de la récession, elle est en faillite. S'il s'agit d'un client potentiel, le marché est perdu avant même que vous tentiez votre chance. On devra répondre après un maximum de 3 sonneries.

QUELLE EST LA MEILLEURE FORMULE D'USAGE POUR RÉPONDRE AU TÉLÉPHONE?

Déclinez votre identité et celle de votre entreprise d'une voix claire et sur un ton professionnel. Au téléphone, l'expression corporelle est inexistante, mais vous devez savoir communiquer l'enthousiasme et l'intérêt par le biais de la voix. Quelques paroles aimables doivent capter l'attention du correspondant. Il faut traiter la personne qui appelle avec courtoisie et lui faire sentir qu'elle est bienvenue. Évitez le ton ennuyé ou nonchalant.

Les éléments suivants sont déterminants dans l'accueil au téléphone:

— une formule de politesse d'entrée en matière telle qu'un «bonjour» amical;

— le nom de votre entreprise ou celui de la division que vous représentez, ou les deux;

— votre nom, car en vous identifiant personnellement vous créez un climat de confiance chez l'appelant.

— votre assistance offerte avec une phrase telle que: «Puis-je vous être utile?»

QUELLE INFORMATION ÊTES-VOUS EN DROIT DE DONNER?

Quelle que soit la personne qui prend l'appel, elle représente l'entreprise aux yeux du public. En principe, la direction a la mauvaise tendance de se réserver le droit de divulguer de l'information et de résoudre les problèmes, ce qui entraîne de la part de la réceptionniste le trop populaire: «Je ne sais pas» en réponse à un bon nombre de questions et laisse souvent une impression d'incompétence au correspondant. Les réceptionnistes devraient être formées pour toujours répondre de façon positive, en disant par exemple: «Je me ferai un plaisir de m'enquérir et de vous revenir avec toute l'information dont vous avez besoin.» N'oubliez pas que la manière dont la préposée répond au téléphone est d'un effet percutant dans les affaires modernes.

COMMENT FAUT-IL DIRIGER OU FILTRER UN APPEL?

Le filtrage d'appels téléphoniques englobe trois questions:

— «De la part de qui, s'il vous plaît?», ou: «Qui dois-je annoncer?»

— «Quel est le nom de votre entreprise?»

— «Quel est l'objet de votre appel?»

Ces trois questions sont agressives et même menaçantes. Pour en alléger le choc, la réceptionniste dira avec douceur: «Merci de votre appel. Permettez-moi de vous annoncer», ce qui est plus gentil et plus courtois. Le «Permettez-moi» est le mot-tampon qui ne laissera personne indifférent. Les phrases du type «Qui appelle?» ou «Qui est à l'appareil?» sont trop abruptes.

Un bon criblage a pour effet d'identifier, non pas d'éliminer. La personne qui exige que ses appels soient filtrés prendra la communication et s'adressera à la personne en l'appelant par son nom.

COMMENT DOIT-ON PRENDRE UN MESSAGE TÉLÉPHONIQUE?

Seulement 30 % des appels d'affaires qui visent à parler à la personne désirée réussissent du premier coup. Aujourd'hui, prendre ou laisser des messages est presque inévitable. Si votre personnel de soutien demande: «Puis-je prendre un message?» quand vous n'êtes pas disponible, vous risquez de manquer des communications importantes. Il serait trop facile de protester sur cette question. Une meilleure alternative serait de se servir du système de questions à compléter, comme: «Et vous êtes Monsieur? ou Madame? ...de la compagnie?» Le réflexe naturel des gens est de tout simplement compléter la phrase que vous leur avez proposée.

Gardez toujours près de chaque appareil du papier et un crayon disponibles. Ayez soin d'inscrire la date et l'heure de l'inscription de chaque message.

Prendre le message en entier et le livrer assidûment et lisiblement. Pour le bon fonctionnement d'une société, il est impératif de retourner tous les appels sous 48 heures. Ayez la réputation de celui qui retourne ses appels et répond à son courrier. Soignez aussi cette image-là. Il est prouvé que les entreprises perdent des clients à cause de leur négligence à le faire.

COMMENT RÉUSSIR À PASSER OUTRE LA VIGILANCE DE LA SECRÉTAIRE?

Traitez la secrétaire ou l'assistante administrative comme une alliée potentielle. Il est de son ressort d'assister son patron dans le meilleur de ses capacités et de lui faciliter ses communications téléphoniques. Laissez vos messages sur un ton clair, en utilisant des mots gentils et aimables et en remerciant de manière personnelle. Après le deuxième ou le troisième appel, vous devriez être en mesure d'employer le nom de la secrétaire (pas son prénom) en laissant votre message. Assurez-vous son assistance en partageant l'information et en développant une stratégie pour établir le contact.

COMMENT RÉUSSIR À RATTRAPER UN APPEL OU COMMENT GAGNER AU JEU DU CHAT ET DE LA SOURIS (TELEPHONE TAG)?

Si vous n'arrivez pas à entrer en contact avec votre correspondant qui ne réussit pas à vous joindre à son tour, laissez un dernier message en proposant une heure spécifique à laquelle vous serez sûr d'être accessible ou fixez des heures où il vous est possible de recevoir des appels. Pour communiquer avec vos insaisissables correspondants, il serait à conseiller de fixer un rendez-vous téléphonique.

QUEL COMPORTEMENT FAUT-IL ADOPTER À L'ÉGARD DU COURRIER VOCAL ET D'AUTRES SYSTÈMES DE TÉLÉPHONE ÉLECTRONIQUES?

Aucune technologie ne se substituera jamais à une voix humaine, amicale et chaleureuse. Des sondages ont prouvé qu'il n'y a rien de plus déprimant à entendre qu'un message enregistré. Mais en cette période de restrictions budgétaires, la technologie est inévitable.

Si vous avez recours au courrier vocal robotisé, veillez à ce que le message personnalisé que vous aurez enregistré soit bref, articulé et aimable.

Rien n'est plus ennuyeux que d'être coincé dans une chaîne de messages enregistrés auxquels il faut obéir sans pouvoir y échapper. À mon avis, chaque système de traitement de la voix devrait permettre une issue vers une voix humaine.

QUELLE EST LA COURTOISIE EN MATIÈRE D'APPELS MIS EN ATTENTE?

Les appels mis en attente ne sont pas gagnants. Si vous avez des raisons économiques de préférer un système de mise en attente plutôt que deux lignes d'affaires, le premier correspondant a priorité sur le suivant. Le second appel doit être traité promptement et efficacement tout en offrant la priorité et toute la considération possible au premier appelant.

Ne mangez ni ne buvez et encore moins ne mâchez de la gomme au téléphone, que ce soit pour des communications personnelles ou professionnelles. Si vous citez le nom de votre compagnie en guise de Allô! et qu'on demande de parler à quelqu'un, dirigez l'appel en demandant de patienter **s.v.p.** Si la personne demandée n'est pas à son bureau, offrez **gentiment** de laisser un message.

Dites au revoir en épilogue de conversation et évitez l'affectueux *be-bye*, qui n'est pas évident pour tout le monde. Ne déposez pas trop vite le combiné. Respectez la personne en bout de ligne qui appelle peut-être d'un endroit bruyant et qui demande à vous faire répéter. Indiquez que vous mettez en attente, s'il y a lieu.

Une voix au téléphone est très représentative de la qualité d'une maison. Si un client a une plainte à faire passer, il faut le traiter en humain même s'il montre sans économie sa mauvaise humeur. Gardez votre sang-froid.

Le correspondant doit toujours s'identifier avant d'entamer la conversation (nom, titre, raison sociale). S'il compose le numéro direct d'un cadre, celui-ci répondra: «Danielle Gauthier à l'appareil» et non pas «Madame Gauthier à l'appareil». Le correspondant s'adressera en disant: «Madame Gauthier».

FAUT-IL UTILISER LE PRÉNOM ET LE TU?

Le moins possible, à moins bien sûr de bien se connaître. Nous avons la chance que notre langue recèle un filtre naturel, le *vous*. Ne lésinons pas sur son usage. Il est difficile d'insulter quelqu'un en vouvoyant. Pourquoi tant se presser de devenir familier avec les gens qu'on ne connaît pas ou avec ses supérieurs hiérarchiques? À l'étranger, il est impératif de réserver l'usage intime du *tu* à la seule intimité. Les Québécois sont souvent mal appréciés sur cette question. En tout cas, au téléphone, une réceptionniste ne se permettra jamais un tel comportement (user du prénom ou tutoyer).

On se souviendra de ne jamais laisser quelqu'un trop longtemps en attente sans venir régulièrement s'excuser du temps qui s'allonge et s'informer si l'appelant ne veut pas laisser de message.

Faut-il filtrer les appels? C'est un jeu dangereux. Comment savoir toujours si on n'empêche pas un client potentiel d'approcher la personne avec qui il veut faire affaire? Le risque est souvent grand. Le jeu en vaut-il la chandelle? Pour filtrer un appel, il faut montrer beaucoup de tact, car il faut éviter d'humilier celui qui est privé de parler à la personne désirée. N'appliquez cette attitude qu'en cas de grande nécessité. Un jeune cadre ne songera pas un instant à y avoir recours. Si la celui demandée est absente ou n'est pas disponible, on en fera état avant de demander au correspondant de s'identifier et non l'inverse, qui est si maladroit.

À moins d'une urgence, n'appelez pas vos employés le soir chez eux pour leur demander: «As-tu suffisamment affranchi la lettre de M. Dumas?» Attendez à demain.

Respectez vos clients et ne les laissez pas toujours en compagnie de votre répondeur. Donnez-leur une réponse humaine. Répondez aux appels que vous avez aussi initiés.

À un vendeur qui vous sollicite et à qui vous ne voulez pas donner suite, ne fermez pas le téléphone avec rage. Dites-lui plutôt qu'il a une bonne voix, qu'il a du talent et faites-lui comprendre que pour l'instant vous ne pouvez pas vous offrir son produit. Votre attitude polie l'étonnera à un tel point qu'il balbutiera un «au revoir» rapide et définitif.

Si vous avez composé un faux numéro, ne raccrochez pas; excusez-vous et remerciez.

C'est la personne qui a initié l'appel téléphonique qui doit clore l'entretien, même si l'appel vient de l'autre côté de la planète et que vous vous souciez de la note. C'est à cette personne d'entamer les paroles d'épilogue.

En dehors des heures convenables, avant 8 heures le matin et après 11 heures le soir, on doit s'assurer de ne pas déranger et on proposera d'appeler à un autre moment.

On doit toujours garder en mémoire qu'une communication peut être interceptée. La discrétion s'impose à chaque instant. Les conversations sentimentales ou les négociations d'affaires à caractère confidentiel ont un meilleur résultat en tête à tête.

À domicile, le téléphone sera installé dans un endroit où on peut s'isoler pour pouvoir parler en toute discrétion. Si on se trouve chez des amis au moment où le téléphone sonne ou encore dans le bureau de son patron, on s'esquivera discrètement afin de respecter l'aspect privé de la communication. Si on devait, dans ces deux situations, user du téléphone pour un appel interurbain, on proposera de le régler *illico*.

En présence de visiteurs, on ne prendra pas d'appel. Il est particulièrement impoli d'en recevoir plusieurs au cours d'une même réunion.

Dans les cabines téléphoniques, on sera bref et on ne mobilisera pas l'endroit trop longtemps, surtout si d'autres personnes patientent derrière soi.

Autant que possible, accrochez un sourire à votre voix. On vous sourira tout autant.

Les modalités de départ doivent être exprimées clairement et l'employeur aura le bon goût de donner quelques jours, voire quelques semaines, de préavis. Il évitera à tout prix la sécheresse, le manque de compassion, la rudesse et surtout la grossièreté du genre: «On t'a assez vu, disparais», ou bien: «Dans 10 minutes, on veut plus te voir», surtout après 5 ans de services. L'employeur ne provoquera pas de représailles. Il se conduira toujours avec dignité et fera preuve de considération. Il souhaitera à son employé toute la chance qu'il mérite et ils se quitteront sur une franche poignée de main.

Il serait déplorable que l'employé remercié s'entende dire qu'il est inutile d'essayer de plaider sa cause pour que l'employeur revienne sur sa décision. Pourquoi mettre sa dignité en péril?

En principe, la personne congédiée ne prendra pas l'initiative de claironner la nouvelle à la volée et les collègues, probablement déjà informés, freineront leur curiosité à tous égards et se garderont de poser des questions. Elles auraient pour effet d'approfondir la blessure.

À l'heure du départ définitif, les collègues exprimeront leur sympathie et des vœux de succès. Ceux qui sont particulièrement aimables offriront d'aller boire un verre ensemble et s'entretiendront de sujets positifs. Faire savoir que telle entreprise est à la recherche d'une personne de même gabarit peut avoir l'effet d'un baume sur la plaie ou d'une sérénade à l'oreille désespérée.

Le courage en de telles circonstances tient de l'héroïsme.

L'ART DE LA CONVERSATION

Un volubile chapitre

J e parle donc je suis. Je parle tel que je suis. La conversation est le fil conducteur de toute communication. Elle donne la température de presque tous les sentiments, non seulement par le ton qui la gouverne mais par le motif qui la compose.

Elle peut paraître généreuse ou égoïste, spirituelle ou ennuyeuse, cultivée ou sans intérêt, gaie ou chagrine.

La conversation relève du partage; autrement, elle s'appelle monologue. On dit: faire, engager, alimenter une conversation, ce qui suggère l'action mentale et physique.

Elle ne rejoint l'art que lorsqu'elle est menée sur des bases positives ou agréables. Mon expérience de la conversation avec les différentes cultures m'encourage à opter pour le compromis américano-danois. J'estime les règles françaises trop sévères et désuètes, ce qui n'empêche pas ceux qui les appliquent de faire appel à la polémique fréquente et peu souhaitable. À part la météo, les pique-niques bucoliques et Shakespeare, les Britanniques sont hostiles à l'aventure du verbe (entre autres). La conversation allemande est cadrée par l'efficacité assortie de grande musique. Si les Italiens savaient quand s'arrêter, ils seraient sans doute éligibles pour le trophée. Les Suédois, presque taciturnes, s'en tiennent aux discours scientifiques ou aux œuvres poétiques. Les Finnois sont inattendus: ils sont les plus grands amoureux du silence, en Europe; ils n'ouvrent la bouche que pour exprimer une pensée qu'ils jugent valable ou pour porter un toast à Sibelius. Quant aux Danois, ils considèrent la conversation comme une vertu cardinale. Leur parfaite courtoisie les empêche de compter des mots triviaux dans leur langue et ils n'élèvent que rarissimement la voix. Jamais, en 16 ans de Danemark, n'ai-je entendu une mère crier après son enfant en public. En fait, je n'ai pas vu un seul enfant capable d'excéder ses parents dans ce pays. Il existe dans leur regard un *gentleman's agreement* qui suffit par son éloquence tacite. Chez eux, tout est prétexte à entamer une conversation dans les règles du grand art.

Les Nord-Américains sont avides de parler à n'importe qui et ce qui me plaît chez eux est leur action directe, ouverte, aussi blanche que leur sourire.

S'agit-il d'art ou de discipline? Sans que les lois en soient absolues, celles proposées sont suffisamment crédibles pour assurer le succès du bon parleur qui est toujours celui qu'on invite lors d'un dîner ou d'une grande soirée. Il apporte le dynamisme et le charme que réclame tout brillant événement.

Il n'est pas indispensable d'être beau, riche, puissant ou lauréat d'un prix Nobel pour être cet objet de désir. Ce talent s'acquiert et n'est pas susceptible de fluctuer avec la Bourse.

Une bonne conversation ne discrimine pas l'âge des personnes qui s'y engagent; elle inclut quiconque est apte à saisir les pointes d'esprit, les charmantes allusions, les gentillesses, les références agréables.

Combattre sa timidité par tous les moyens, et ils sont nombreux, est le premier commandement d'une longue somme. Presque tous les comédiens avouent en avoir été victimes. Les moyens infaillibles auxquels on doit avoir recours sont la volonté d'en sortir d'abord et les techniques des thérapeutes ensuite.

Montrez de l'intérêt à l'interlocuteur à l'égard de son métier, ses hobbies, ses voyages, ses enfants, en lui montrant toute l'importance qu'il peut avoir pour vous.

S'il n'est pas du même lieu que vous, interrogez-le sur sa ville.

Il est recommandé d'oublier son ego même si la tentation est grande de parler de ses merveilleuses expériences. Attendez votre tour.

Au cours de la conversation, ne faites pas semblant d'être intéressé en n'écoutant pas la réponse à vos questions ou en regardant au loin, scrutant l'horizon.

Si les acteurs et les chanteurs prennent des cours pour placer leur voix, appliquez-vous à placer la vôtre pour qu'elle ait des effets magnétiques, irrésistibles. Ayez une voix souriante. Une voix désagréable peut représenter un handicap majeur et un sujet de moquerie. Des spécialistes chevronnés peuvent être d'un grand secours et des ouvrages sérieux ont été publiés à cet égard.

La qualité la plus importante après celle de la voix est de savoir bien écouter. «Parler est un besoin; écouter est un talent.» (W. Gœthe) Non seulement faut-il se taire mais être présent par le regard, la pensée et l'expression du visage. La politesse commande l'écoute pour exprimer la gentillesse et l'intelligence pour apprendre. Qui donc a dit cela? On écoute une seule personne à la fois. À vous de la sélectionner.

Surtout, oui surtout, apprenez à ne pas interrompre. Vous n'êtes pas un journaliste, montre en main, qui doit tirer le maximum d'un cerveau en un temps limité. Vous faites la conversation. Mais comme c'est souvent tentant!

Pensez que c'est votre visage et votre esprit qui sont mobiles; pas vos mains, ni vos pieds, ni vos hanches. Restez en place.

Si vous parlez en position assise, ne bougez pas votre chaise comme si vous découvriez que vous vous trouvez sur un buisson ardent.

Le maintien doit être irréprochable. Tenez le torse ou le buste fièrement, les épaules droites. Pour parler ou écouter, il n'est pas nécessaire de se mettre au garde-à-vous, mais d'avoir une attitude respectueuse et plaisante. On n'aime pas s'adresser à quelqu'un qui est avachi.

Ayez l'air sincère tout en cherchant à plaire. Développez votre sens de l'humour, un attribut capital pour aviver la bonne conversation. Ne confondez pas humour et ricanements sans fin qui seraient là pour meubler vos apartés. Moquez-vous plus de vous-même que des autres.

nouveau mot en faisant vos mots croisés. Énoncez-le et observez l'intérêt suscité. L'ange est passé.

Apprenez à être économe avec l'humour qui touche à l'ironie, au sarcasme, au cynisme, et... à la taquinerie. Tout le monde n'est pas armé du bouclier nécessaire. Certaines sensibilités peuvent être gravement atteintes. Si on devait désagréablement vous attaquer verbalement, restez stoïque comme Épictète et, conversation faisant, répliquez: «De toute évidence, vous ne me connaissez pas très bien car vous auriez pu encore épiloguer longtemps sur mes autres défauts que vous ne semblez pas soupçonner.» L'effet bœuf est habituellement suivi d'un embarras certain chez l'agresseur.

Si vous souhaitez donner dans le modeste, faites-le gentiment. Ne commencez pas à vous déprécier, même si vous êtes sincère.

Combien de fois a-t-on dit que le téléphone avait été inventé pour les communications et pas pour les conversations? Au Québec, il est, selon les statistiques, le plus utilisé dans sa fréquence et sa durée et c'est compréhensible. Bravo! car la longueur de l'hiver et les distances immenses isoleraient encore plus les Canadiens autrement. Seulement, attention! depuis que j'utilise un téléphone sans fil, c'est fou les interférences qui m'en apprennent sur les communications modernes. Tout ce qui me réjouit à l'égard de ces correspondants impudiques et visiblement sans crainte d'être entendus, c'est que Bell est devenu un sûr contraceptif et une prévention éventuelle contre le sida. Il faut dire qu'une telle intrusion, même accidentelle, dans une de mes communications téléphoniques m'a paru plutôt surprenante.

Toutes les questions ayant trait à la vie personnelle doivent être évitées: l'âge, les revenus déclarés, les hypothèques sur la propriété, la vie sexuelle, les raisons d'un divorce, le nom du chirurgien esthétique, le port d'une perruque ou d'un dentier. Il serait à conseiller de ne pas approfondir les questions sur la santé, de ne pas s'enquérir des thérapies suivies chez les différents psys ni d'établir la liste des amants. Il serait astucieux de ne pas interroger quelqu'un qui s'est présenté à une soirée sans son conjoint, de ne pas demander les raisons de la faillite d'un commerce, et de ne pas s'informer du développement du procès d'un proche. Aux indiscrétions sur les raisons qui ont retenu l'absente, opposer une froide urbanité.

La religion et la politique sont des thèmes extrêmement fragiles et seront abordés avec une infinie délicatesse. Ils sont considérés comme des sujets à controverse et dégénèrent souvent en débats redoutables.

L'argent, comme les deux sujets précédents, est représentatif d'un certain pouvoir. Il est épineux, en dehors d'une discussion d'affaires, de procéder à des inquisitions sur les coûts d'une maison, d'une réception de mariage, d'un arrangement de divorce, du loyer ou des vacances de ses collègues ou amis. Certaines gens ne peuvent pas s'épanouir sans mettre un prix sur... une étiquette.

D'emblée, ne condamnez pas à mort quelqu'un qui ne partage pas votre avis. La nuance, vous connaissez? Elle s'apprend.

En somme, si vous souhaitez être un divin causeur, montrez-vous beau et ayez un cœur royal. On écoutera même vos silences!

RÉUNION TON SUR TON

Une plus-value

...Et un chapitre austère.

Les gens se réunissent pour faire avancer un projet, tirer de l'information judicieuse et des conclusions profitables. Il n'est pas question d'étaler ses états d'âme ni de faire perdre le temps des participants. Réussir une réunion, c'est réaliser un coup de maître. Pour y arriver, il faut connaître le savant dosage des mesures techniques, du savoir-faire qui relève des compétences de chacun et du savoir-vivre collectif.

— Convoquer tous les participants par voie d'une note de service qui comportera l'objet de la réunion, son ordre du jour et la liste des participants;

— Préciser la date et l'heure auxquelles la réunion aura lieu et prévoir, si on le peut, sa durée;

— Autant que possible, faire en sorte que les réunions se tiennent le matin;

— Être à l'heure. Le président de la réunion doit fournir immédiatement le matériel pertinent à la réunion, si ce n'est déjà fait;

— Présenter de façon efficace et agréable les nouveaux participants aux habitués et excuser les personnes absentes.

— Annoncer à l'avance les pauses-café si elles n'ont pas été mentionnées à l'ordre du jour;

— S'assurer du bon fonctionnement de l'équipement technique et audiovisuel, s'il y a lieu;

— Accepter que tout participant ait droit à la parole;

— Éviter d'entrer dans une salle de réunion en mâchant de la gomme ou du tabac. Se montrer détendu mais freiner ses envies de vouloir toujours faire rire l'assistance;

— Respecter l'assignation des places, qui est un acte politique. Chacun est assis selon son rang. Si un des participants à une réunion ne s'est pas présenté, combler sa place vide et retirer sa chaise. Une table qui accuse une personne manquante est comme une bouche à laquelle il manque une dent;

— Observer les règles du maintien. Ne pas s'écraser sur son fauteuil ni jeter sa veste, son sac et son porte-documents n'importe comment et n'importe où. Éviter d'avoir l'air ennuyé ou de s'endormir;

— Les organisateurs de la réunion verront au confort des chaises, à la propreté des tables et à la bonne présentation du matériel. Veiller à ce que la nourriture prévue à la pause soit fraîche, saine et variée. Penser en après-midi à offrir une tasse de bouillon et des bouchées au fromage pour revigorer. Cette initiative est appréciée et laisse à penser que la réunion a été préparée avec soin;

— Éviter d'en profiter pour rattraper le temps perdu dans son travail. On est là pour apporter sa contribution;

— En préparant la liste des participants, la relire souvent afin de s'assurer qu'il n'y manque personne et que chaque nom est parfaitement orthographié;

— En fin de réunion, établir la date, l'heure et l'endroit de la prochaine rencontre. Remercier tous les techniciens qui ont participé à l'organisation de la réunion (personnes liées à l'audiovisuel, interprètes, etc.). Un des participants devra prendre la parole pour remercier le président de la réunion.

Une réunion est jugée efficace en fonction des décisions prises en rapport avec l'ordre du jour. Des minutes rigoureuses et fidèles auront été prises et seront mises à la disposition de tous les participants, même de ceux qui ne pouvaient y assister.

Une réunion est un moyen efficace de raviver l'esprit d'équipe, fort affaibli ces dernières années. Elle peut aussi l'anéantir si le président ne s'est pas tenu à l'ordre du jour ou a privilégié tel participant au détriment d'un autre. Les colla-borateurs marquent une extrême sensibilité aux règles du jeu. Un autre perdra crédit auprès de collègues parce qu'il a fait preuve d'arrogance ou d'agressivité.

Le savoir-vivre à une réunion garantit une plus-value dans le développement de sa carrière.

SAVOIR PLAIRE EN AMBASSADE

Excellence!

«Il ne suffit pas d'aimer le commerce du monde, il faut aussi en connaître le mode d'emploi. Il ne suffit pas de se plaire à recevoir; il faut encore savoir comment et qui.»
LE COMTE DE RICAUMONT

Ce soir, il y a réception à la Résidence. Sous le lustre du grand hall, monsieur l'ambassadeur accueille ses invités.

En moyenne trois fois par semaine, ces commis-voyageurs de l'État ouvrent la Résidence à leurs invités pour des déjeuners, des réceptions ou des dîners. Presque tous les diplomates en poste vivent à ce rythme. Ils lancent diverses invitations à l'occasion de fêtes nationales ou en l'honneur d'hôtes de marque et répondent à d'autres, quotidiennement. Parfois, ils doivent répondre à plusieurs invitations le même jour. Ces obligations font partie intégrante de leur job.

Ces mondanités raffinées, considérées à tort comme superflues, ont autant leur raison d'être que les repas d'affaires, les séminaires d'entreprise ou les colloques culturels. Elles offrent aux diplomates et aux personnalités du monde économique, politique, culturel et de la presse l'occasion de se rencontrer et d'échanger. On attend de ces chargés de mission qu'ils apportent leur contribution à leur hôte, entre une coupe de champagne et une bouchée de saumon, en lui donnant une image aussi définie et exhaustive que possible du pays qu'ils représentent.

Ce qui assure le succès d'une réception, c'est le parfait dosage des ingrédients. Il faut équilibrer les sexes (avec un léger excédent de mâles), les conditions sociales et les générations, mesurer sans excès la présence des célébrités et celle du commun des mortels. «L'intelligence et la culture de ses amis se goûtent mieux dans l'intimité que dans la cohue», aurait dit Proust.

«Les réceptions offrent d'excellentes occasions de rencontrer les gens de manière moins formelle, dans un contexte différent du bureau», commente un chef de protocole.

Moins formel ne veut pas dire décontracté. L'existence même du chef du protocole l'atteste, la spontanéité n'est pas prisée lors de ces réceptions: «... Le protocole n'est pas une manière de paraître ou de faire des cérémonies, mais un moyen d'expression politique dont se sert l'État pour donner un cadre et une atmosphère à ses activités et garantir par là l'unité de matière et d'action de sa politique étrangère», dit le règlement. Il se peut que les diplomates louent les salons d'un grand hôtel de la capitale où ils sont en représentation pour offrir une grande réception ou un gala d'envergure.

Les réceptions d'ambassade sont souvent de véritables spectacles. On voit les habitués former clans et ils sont parmi les rares à ne pas prendre d'assaut le buffet. Sans doute, l'habitude...

La grâce d'une rani enveloppée d'un précieux sari rappelle l'opulence encore existante de privilégiés de l'Inde. Plus loin, on entrevoit un lorgnon bien ajusté sur l'œil d'un militaire en tenue. Ici, des boucles d'oreilles scintillent, là un décolleté appétissant s'offre à l'œil gourmand. Ce défilé d'étoffes chamarrées embelli par l'éclat du cristal et des pierres précieuses rappelle quelques séquences de *L'Année dernière à Marienbad*.

«Il ne s'agit pas de perpétuer des usages désuets», explique le nonce apostolique, et de ce fait doyen du corps diplomatique. Savoir recevoir et connaître les belles formules sont tout simplement l'expression d'une politesse universelle. «Contrairement à une idée largement répandue, s'il arrive aux diplomates de jouer sur les mots, ce n'est pas dans le but de cacher la vérité. Mais leur profession leur impose de savoir communiquer sans blesser leurs interlocuteurs», poursuit l'ambassadeur du Saint-Siège dans un salon lambrissé de la nonciature.

La jeune personne qui souhaite entrer dans la carrière verra à peaufiner ses connaissances du savoir-vivre avant d'entrer en scène. Il est vivement à conseiller d'offrir aux novices qui s'apprêtent à aller représenter leur pays à l'étranger de suivre, pendant leurs deux premières années de formation, un cours très développé sur le règlement protocolaire et sur les règles non pas rudimentaires mais éminentes de la courtoisie. Il va sans dire que le reste, s'il n'est pas déjà acquis, s'apprend en situation.

De petites incartades demeurent néanmoins prévisibles. Il semblerait qu'à un bal un très jeune diplomate dansait avec une haute et forte commère, mamelue et de surcroît dragon de morale. Tout était double chez elle, du biceps au menton, et ses seins tenaient plus de montgolfières que de coupes d'albâtre. Il demanda à sa voluptueuse cavalière portant bustier par quelle astuce cette robe tenait... Elle lui aurait répondu, habilement: «Par mon âge et par ma vertu.»

Un politicien distingué, gourmand des bonnes choses de la vie, s'est vu accorder une promotion au ministère des Affaires étrangères d'un pays de la Communauté européenne. Il était déterminé à être le premier ministre de sa condition depuis des décennies à faire une visite de courtoisie à Vienne. À cette occasion, les Autrichiens ont vraiment mis les petits plats dans les grands et ont déroulé le tapis rouge en son honneur. Alors qu'il se trouvait au château de Schönbrunn pour un fastueux banquet, il s'est senti un peu perplexe. À sa gauche, était assise une très attirante brunette; à sa droite, une dame très impressionnante vêtue d'une vaste robe rouge camouflant toutes les formes que son corps aurait pu avoir. Il s'est engagé dans une conversation très animée avec la brunette jusqu'à ce que des airs joués par l'orchestre en place lui fassent prendre conscience de ses responsabilités et de la bienséance. Se tournant vers la dame enchasublée de rouge et lui prodiguant un charmant sourire, il lui a demandé: «Madame, me feriez-vous l'honneur de cette valse?» Sur quoi elle a répliqué: «Non, monsieur. Ceci, pour trois raisons: Premièrement, nous sommes à un banquet et non à un bal;

deuxièmement, ce que nous entendons n'est pas une valse mais l'hymne national autrichien; et, troisièmement, permettez-moi de vous informer que je suis le cardinal-archevêque de Vienne.»

Si la formation de jeunes diplomates et de leur conjoint(e) m'était confiée, je n'hésiterais pas à leur faire suivre un stage dans une école hôtelière de bonne réputation. Ils y apprendraient la façon de joliment présenter les produits d'une cuisine efficace et rapide, la décoration florale, l'art de l'accueil et de l'hospitalité, des rudiments d'organisation de réceptions sur les quantités adéquates de nourriture, de boissons et d'accessoires de table et des notions sur les vins, surtout de ceux produits par le pays représenté, s'il en était. Cette initiation hôtelière pourrait éviter aux nouveaux ambassadeurs les désagréments qu'ont connus certains. La course aux plus belles tables et à la réception la plus originale que se livrent parfois les membres du corps diplomatique n'aboutit en effet pas toujours au résultat escompté.

Les jeunes qui considèrent sérieusement une carrière diplomatique ont malheureusement tendance à mépriser ces règles et à ridiculiser un tel apprentissage. Or, une ambassade se doit de représenter dignement son pays, que ce soit par le patrimoine, le décor, la gastronomie ou la qualité de l'accueil.

Il ne faudrait pas imiter certains qui ont poussé le zèle jusqu'à indisposer leurs convives en faisant dresser, en guise de centre de table, une vasque de cristal remplie d'eau où s'ébattaient de petits poissons exotiques. Quelle n'a pas été la surprise de l'invité d'honneur de voir sauter un de ces poissons frétillants dans sa tasse à consommé. Il est des situations où même les cours d'une école hôtelière suisse n'auraient pas convenu.

Chaque résidence officielle d'ambassade est fière de sa personnalité et de sa réputation. Celle d'Autriche à Berne, par exemple, recèle des pièces de mobilier ayant appartenu à la famille impériale et reflète bien les étapes de l'histoire de ce pays. La résidence canadienne à Copenhague, quoique n'ayant pas beaucoup de terrain, a superbe allure et représente la pureté symétrique de l'architecture danoise de la fin du XIXe siècle (pour les âmes scrupuleuses, j'apprendrai qu'elle a été acquise, après la dernière guerre, pour une bouchée de pain). L'ambassadeur néerlandais d'une capitale européenne organisait des soirées culturelles en invitant des ensembles de musique pour agrémenter d'heureuse manière les réceptions qu'il offrait et promouvait ainsi la culture de son pays à l'étranger. Il regrettait toutefois de n'avoir pas de salle assez grande pour pouvoir se permettre d'accueillir un orchestre symphonique.

Au regard extérieur, la vie d'ambassadeur paraît plutôt plaisante: salaire confortable, voiture de luxe avec chauffeur, villa souvent magnifique, réceptions élégantes (jusqu'à 20 % du temps de travail). «Le congrès ne marche pas, il danse...» commenta l'Autrichien Charles Josef de Ligne en regardant évoluer les diplomates réunis à Vienne dès 1814 pour redessiner la carte de l'Europe. Rassurez-vous, on ne saurait reprocher tant de légèreté à nos représentants actuels. Ni à leur épouse qui doit être disponible, impeccable, présente, excellente, irréprochable, aux aguets, tous les jours, et souvent de l'aurore à l'aube, sans rémunération. Qu'on se le dise! *Tout ce qui brille n'est pas or.*

Rassurez-vous, la fonction de l'ambassadeur va au-delà de la figuration mondaine. D'ailleurs, avec la crise économique, les ambassades ont suivi la même diète budgétaire que le reste des institutions et le prestige des chefs de mission s'amenuise symétriquement.

Les grilles de la Résidence se referment sur la dernière limousine. Il est 20 heures. La fin d'une journée de travail, pour un diplomate, est fort variable.

* * *

Quelques menus conseils d'étiquette de circonstance:

TENUE

À un dîner d'ambassade à Ottawa, il est inutile de vous affubler d'un frac. Au Canada, cela ne se fait plus, au regret de nombreux diplomates. Si le carton d'invitation porte la mention «cravate noire», il vaudra mieux comprendre «smoking-nœud papillon noir» et tâcher de ne pas se trouver dans la situation de l'un de nos anciens conseillers qui se serait présenté en complet de ville et cravate noire (de deuil)...

(LE) SALUT

On dit: «Bonjour, monsieur l'ambassadeur.» Madame l'ambassadrice est l'épouse de l'ambassadeur. Madame l'ambassadeur occupe les fonctions de chef de mission. On évite «enchanté» et «bonjour, messieurs dames», mais lorsque l'on est présenté à une femme, on dit: «Mes hommages, madame.» Les bévues sont néanmoins toujours possibles: ainsi, une épouse de diplomate occidental présentée à un ambassadeur de pays musulman lui a tendu la main. Une main qu'il ne pouvait accepter. Pour ne pas la froisser, il lui a élégamment demandé de poser sa main sur celle de son époux: celle-là, il pouvait la serrer.

PRÉSENTATIONS

Au Canada, l'usage des titres est limité. Lors de présentations à des tiers, on peut les mentionner: «Permettez-moi de vous présenter la duchesse de...» Dans le cas d'un ambassadeur, prenez soin de ne pas vous tromper de pays. Un chef de mission suisse s'est entendu présenter en anglais (d'où, peut-être la confusion) comme ambassadeur du Swaziland!

LETTRES

Lorsqu'on écrit à un ambassadeur, on adresse la lettre à «Son Excellence *X*, Ambassadeur de *Y*». Puis, on commence par «Monsieur l'Ambassadeur».

BAISEMAIN

Désuet pour le commun des mortels, il s'utilise dans le monde diplomatique, sauf dans les pays musulmans. Mais uniquement à l'égard de femmes mariées et jamais dans la rue. À ceux qui n'en ont pas la pratique, ne vous y aventurez pas. Toute innocence n'est pas bonne à trahir.

PRÉSÉANCE

À table, le protocole canadien (et presque tout le protocole occidental) place les ambassadeurs étrangers et leurs épouses selon leur ordre d'arrivée à Ottawa. Le seul à échapper à cette règle étant le nonce apostolique, qui est d'office doyen du corps diplomatique.

LA POLITESSE ET LA PRESSE

Autant en emporte le *scoop*

Le but unique de la presse est d'informer. Que ce soit sur l'actualité nationale et internationale de la politique, de l'économie, de la science ou de la culture, les médias ont le devoir de tenir leurs usagers au courant, en restant le plus objectifs possible.

Or, qu'est-ce que l'objectivité? C'est tout simplement la nudité des faits. Ce qui ne veut pas dire que les assoiffés d'information la veulent au scanner. Ceux qu'on appelle populairement les *paparazzi* sont abusivement colporteurs, inconvenants, inquisiteurs, indiscrets et même indécents. La population est-elle à ce point affamée de photos ravageuses, voire scandaleuses, des célébrités? Être traquées, comme la princesse Diana et en son temps Brigitte Bardot, relève de la pathologie de la part d'un public qui n'en a jamais assez et de photographes jamais assouvis. C'est indigne.

Les mots *privacy* et *fair-play*, bien qu'étant des inventions et une façon de penser tout à fait britanniques, sont paradoxalement de plus en plus démentis par leurs propres inventeurs et leur presse de caniveau. Chacun est libre de penser ce qu'il veut. Moi aussi.

Entrer dans l'intimité des gens sans y être invité est une atteinte aux droits de la personne. Les forcenés de la pellicule, qui reçoivent des sommes mirobolantes pour leurs clichés rendus possibles grâce à des acrobaties à défier des cascadeurs de cinéma, ne devraient pas être à ce point encouragés dans leur mission. Si l'on choisit de comprendre un public rarement rassasié qui se laisse avoir par l'appât d'une photo de vedette, ne pourrait-on épargner un autre public qui est saturé jusqu'à la nausée de retrouver toujours les mêmes sujets mitraillés sous tous les angles?

Le pouvoir de la presse devrait avoir des freins et les appliquer dès que le besoin s'impose. Que penser de cette vaste opération-marketing qu'est devenu le procès de O. J. Simpson qui a pris des proportions plus vastes que le génocide au Rwanda? Le public salive à la simple évocation du joueur de baseball inculpé d'un double crime. On ne parle que de cela et des *box offices* ont été ouverts pour les parieurs invétérés! Triste usage de l'image. Cet entêtement à nous nourrir de ce vedettariat relève du harcèlement qui n'est pas nécessairement sexuel et qui rend notre admiration fatiguée et notre respect contrit.

Quant au médium de presse à l'impact fugace mais puissant, la télévision, il serait temps qu'elle se reconnaisse des limites et qu'elle joue son rôle informatif, éducatif et divertissant qui est sa raison d'être. C'est une insulte à l'intelligence que des émissions de haute qualité (*Contact, Scully rencontre...*) nous soient présentées à 23 heures alors qu'aux heures de grande écoute, notamment à celle du repas du soir, on nous assène de publicité, qui ne constitue pas toujours des morceaux choisis. Les couches de bébé, le papier hygiénique, le déodorant et les détergents pour taches dégoûtantes ne sont pas là pour nous ouvrir l'appétit. Les émissions à l'humour salace et de bas niveau et aux propos destructeurs offertes à une heure appréciée devraient inquiéter une population qui s'engouffre, sans le savoir, dans une débilité suffocante. Et si on persistait à nous alimenter de reportages sur le sexe, par pitié, qu'ils ne soient pas absolument obscènes mais qu'ils nous apparaissent comme d'aimables distractions. Même si la clientèle gourmande de ce genre d'images est de plus en plus grandissante, que ce divertissement soit offert à l'heure où les enfants sont couchés. En somme, les organisateurs d'émissions se sont trompés; à part les nouvelles, leur programmation est bâtie sur des horaires totalement inadéquats et détraqués. On a

envie de crier: «Non! tout de même! la télévision, ce n'est pas
ça!» Eh bien! hélas, oui. Ça aussi.

Un ange gardien vient de laisser sur mon bureau un feuillet
sur la politesse, publié par la Banque Royale du Canada, inti-
tulé: *Un devoir civil.* Voici ce qu'on y dit au sujet du petit et
du grand écrans:

> «...les réalisateurs n'hésitent plus à truffer leurs films de
> spectaculaires explosions de rage, histoire d'en maximiser
> l'impact émotif. Pire, le héros qui renverse une table chargée
> de vaisselle pour se venger d'un service pourri ne suscite
> chez les spectateurs que des rires indulgents, comme s'il était
> admissible, voire bien vu, de se défouler en cassant tout et en
> semant la pagaille.

> La grossièreté est également en hausse à la bourse des
> valeurs sociales. Dans les médias, la goujaterie est même de-
> venue un art à part entière. Sarcasmes et insultes gratuits
> sont les deux armes favorites des héros de cinéma postmo-
> dernes pour abattre ceux qui se mettent en travers de leur
> chemin. Les mauvaises manières font recette. Sinon, com-
> ment expliquer la vulgarité ahurissante des comédies télé-
> visées, la popularité des humoristes qui insultent leur public,
> les fortunes qu'on paie à ces animateurs de radio et de télé-
> vision qui engueulent leurs auditeurs et menacent leurs
> invités?»

Quels sont les taux d'intérêt à la Banque Royale? Peu importe! Une banque qui parle mon langage doit être la mienne.

La publicité est de moins en moins pudique. L'imaginé
émeut plus que le vrai et l'on attribue à la rêverie des qualités
que le réel n'a pas. Nos grands-pères se congestionnaient à la
vue du mollet d'une dame qui montait l'escalier. Aujourd'hui,
les hommes sont moins émotifs et il en faut bien davantage
pour les faire tourner au violet. Encore faut-il que ce qu'on
leur expose ne le soit pas au milieu de 100 spectacles du même
genre puisque c'est leur rareté qui donne leur prix aux choses.
Une enquête américaine prouve que les filles très déshabillées
qui présentent les produits annoncés attirent parfaitement le

regard des lecteurs. Oui mais elles l'attirent tellement qu'ils en oublient complètement le produit offert.

Il semble que l'utilisation de la sexualité dans la publicité est le meilleur moyen connu pour bloquer la pensée. À la vue des rondeurs exposées, la distraction du sujet devient telle qu'il est incapable de lire le message que le vendeur veut lui faire avaler. Si 46 % des hommes et 33 % des femmes sont attirés par la nudité en images, 66 % de chacun des deux sexes oublient totalement ce qui est écrit à côté du sujet déshabillé, même en grosses lettres, et 30 % ne se souviennent même pas si quelque chose était écrit ou non.

En somme, quand les yeux vous sortent de la tête, vous ne voyez plus ce qu'on vous montre. Et quand on vous en montre trop, vous ne regardez plus. C'est toujours la même chose: le juste milieu, là est le difficile.

Peut-on vraiment admirer une vedette américaine de la télévision qui n'est satisfaite de ses entrevues que si elle réussit à faire verser des larmes à ses interlocuteurs? Je trouve plutôt navrant de voir, à cause d'elle, la lippe tremblante d'un général de l'armée américaine qui a gagné des galons à la guerre du Golfe, au vu et au su du monde entier.

Autre harcèlement qui touche à la presse, c'est celui tellement persistant des préposés du téléphone qui vous appellent généralement aux pires heures de la journée (entre 18 et 20 heures) pour vous dire tout l'intérêt que vous auriez à vous abonner à leur journal. Si une telle sollicitation doit être faite, que ce soit après le repas du soir et que ce soit bref.

Une impolitesse qui prend de plus en plus d'ampleur concernant la presse, une banalité devenue quotidienne, consiste à prendre le lecteur pour un client peu exigeant et à truffer les textes de fautes de syntaxe, de grammaire, d'orthographe et de coquilles si grosses qu'elles ont plus l'allure de cèpes que de truffes.

À défaut de cerise sur le gâteau, ne passons pas sous silence la critique au vitriol qui démolit en un coup de plume carnassier la réputation de quelqu'un qui a investi tant d'efforts pour se frayer un chemin honorable dans la vie. Donner libre cours à ses commentaires passe, faire des observations va encore, analyser un sujet convient toujours, mais l'acharnement systématique à détruire l'œuvre ou le nom de quelqu'un est mesquin et condamnable.

Et puis, au kiosque, s'il vous plaît, ne poussez pas. Y a pas d'presse!

PRÉSENTATIONS

Simples comme... bonjour

« Ça, c'est ma mère!» entend-on souvent d'adolescents aussi incertains de l'existence de la courtoisie que de la vie après la mort. «Ça» ne signifiant pas exactement le paquet qui se trouve devant vous mais cette personne qui leur a donné la vie et qui a oublié d'y joindre le mode d'emploi. Ne serait-ce pas plus gracieux ou simplement aimable de dire: «Maman, voici ma camarade de classe Michèle; ma mère, Mme Aline Duperey ou Mme Duperey» (on présente sa mère de la façon dont on voudrait qu'elle soit appelée).

Il n'est pas indispensable d'être au service du Secrétariat d'État ou au Protocole des Affaires extérieures pour connaître la hiérarchie des personnes de votre entourage et savoir les présenter. Cette partie du protocole est capitale puisqu'elle touche à la première identité d'une personne: son nom et ensuite sa qualité professionnelle qui est souvent une indication de son rang.

Les règles de base sont de présenter une jeune personne à une plus âgée, un grade inférieur à un supérieur, un collègue à un visiteur étranger, un homme à une dame, mais une jeune fille à un homme plus âgé, un ami à votre patron. «Monsieur le juge, permettez-moi de vous présenter mon mari, Jean Mercier.» S'il s'agit de deux personnes du même sexe, on présentera la plus jeune à la plus âgée sauf si la plus jeune a un rang plus élevé ou détient un titre de ministre, de gouverneur, etc. «Madame l'Ambassadeur, puis-je vous présenter Mme Charlotte Gauthier.»

En serrant la main, on préférera «Bonjour, madame», «Bonsoir, monsieur» à «Enchanté», «Ravi de vous rencontrer» et «Très heureux», devenus désuets. Un homme dira à une dame: «Mes hommages, madame».

C'est la personne à qui on est présenté qui initie la poignée de main. Les messieurs qui n'ont pas l'expérience du baisemain ne devraient pas s'y aventurer. Ce geste pourrait trahir leur innocence dans ce domaine. Le baisemain n'est pas très pratiqué en Amérique du Nord; il est resté une habitude courtoise dans certains pays européens et, malgré 50 ans de communisme, les Polonais sont des seigneurs dans leur façon de l'effectuer.

On ne baisera pas la main d'une jeune fille mais celle d'une dame, et cet usage ne se pratique jamais dans la rue ni dans un lieu public, hôtel mis à part. Le monsieur saisira doucement la main tendue, s'inclinera jusqu'à elle et l'effleurera de son menton plutôt que de ses lèvres. Sa main restée libre ne sera pas logée dans sa poche mais pendra le long de son corps. On ne baise pas une main gantée, à l'exception de celle d'une reine.

Si on se présente soi-même, il faudra énoncer son nom clairement et le lieu de sa résidence (si on est en visite à l'étranger). En affaires, il est capital de décliner l'information concernant sa profession: «avocat chez Durand, Dupont & Associés». Dans les grandes réunions d'affaires où tout le monde doit s'identifier, il serait bon d'ajouter à son nom et à sa profession un qualificatif de charme afin de ne pas passer inaperçu et de laisser un souvenir: «Bonjour! Mon nom est Caroline Pagé, relationniste chez Alcan de Montréal et mon par au golf est ...» La fadeur doit également être évitée quand on présente une autre personne, à moins que ce ne soit une célébrité: «Venez rencontrer ma secrétaire, Mme Line Poirier. En plus d'être excellente, elle est unique pour tenir avec compétence mon agenda. C'est grâce à elle si vous avez obtenu ce rendez-vous ce matin.»

Quand on présente deux futurs collègues ou deux personnes travaillant au même projet, il n'est pas important de s'enquérir de la priorité de la personne. Ce qui est essentiel est de citer prénoms et noms et ne pas se satisfaire de «Marguerite, je vous présente Suzanne.» Il faudrait dire: «Marguerite, veuillez rencontrer notre représentante en Ontario, Suzanne Vallée. Suzanne, Marguerite Saucier est en charge des affaires juridiques de notre maison.» L'information est d'un intérêt considérable lors des présentations. C'est d'ailleurs leur but.

Si on est nerveux et peu assuré à l'égard des présentations, il faudra s'exercer devant un miroir avant le moment venu. Imaginez un petit rôle dans une assemblée et enchaînez une phrase après les présentations: «Avez-vous lu les manchettes de ce matin? Qu'en dites-vous?»

Si on tient à être professionnel, on se concentrera sur le nom qu'on vient d'entendre. Il peut être d'une grande importance, surtout si on se trouve dans la situation de présenter cette personne à son tour.

Souvent, à la suite des présentations, la situation se prête au bavardage que nos voisins anglophones appellent le *small talk*, dont on aurait tort de penser qu'il est futile. Il permet de se faire mieux connaître, d'exposer son charme (au singulier) et ses qualités de communicateur ou de relationniste. Il est un préambule parfait à toute situation nouvelle ou indéfinie comme celle de se trouver seul ou nouveau venu à une réception ou à une réunion d'affaires. En général, on y a recours après les présentations et la durée de ce temps sera brève.

Le babillage est apprécié lorsqu'il s'agit de se montrer aimable, de mettre une personne en valeur ou de réparer une gaffe.

Le bavardage innocent peut avoir lieu à l'aéroport en attendant son vol, ou dans un ascenseur avec des personnes régulièrement rencontrées dans ce curieux habitacle. Il peut aussi avoir lieu à l'entracte d'un concert ou d'une pièce de théâtre et naturellement aux réceptions mondaines. Il faut lui donner toute l'importance à laquelle il a droit. C'est un outil social avec lequel on procède parfois à de savantes manœuvres, comme par exemple éviter un faux pas ou couvrir une situation gênante. En outre, il rend charmants ceux qui en font usage et font d'eux des aimants auxquels il est difficile de résister.

Toutefois, à un repas d'affaires, un invité engagera une conversation candide jusqu'à ce que la conversation d'affaires s'engage.

Dans les pays d'Orient et d'Amérique du Sud, il est interdit à un repas entre gens d'affaires de négocier à table. Il est recommandé de parler superficiellement de son entreprise et jamais des problèmes la concernant.

Si un participant à un lunch d'affaires meurt d'envie de raconter une histoire amusante, il le fera en début de repas, avant de toucher aux sujets sérieux.

En société, on donnera autant d'attention à chacune des personnes autour de soi, spécialement à ses deux voisins immédiats, même si une troisième personne apparaît plus captivante. On tâchera de parler toujours de façon positive, même si on vient à parler de son concurrent. Le bavardage est une bouée de sauvetage, une source d'information sur la personne qui en use, un moyen de briller en société. Surtout, n'oubliez pas le sourire en prime. Il vaut parfois mieux que l'expression verbale.

LA BISE

Sans carte blanche

Au Québec, l'importation va bon train. On y va fort en commerce international depuis 20 ans. On s'ouvre à l'élégance, à la gastronomie, aux objets de grand luxe, à la culture, aux arts, aux herbes euphoriques et soporifiques, aux virus et à une expression affectueuse dont on fait grande consommation: LA BISE, qui, elle, ne souffle pas du nord mais qui nous vient, depuis deux décades, de nos cousins pas si lointains de France et de Belgique. Aujourd'hui, dans les rues, les boutiques, les bureaux, à la télé à AD LIBitum, même si on ne se connaît pas, et surtout si on ne se connaît pas, on se bise, on se rebise, on se surbise; oui, on se croit obligé de se lécher la poire avant même de se connaître. C'est-à-dire que, à travers la bise, on fait connaissance. Ce geste, à force d'être abusé, n'a plus aucune valeur.

Dans mon enfance, qui ne se situe pas à l'âge de fer, le petit baiser affectueux se donnait avec parcimonie, aux fêtes, aux anniversaires et lors d'un départ et encore, on limitait les débordements de tendresse en n'offrant qu'une joue. Même la veuve éplorée ne bénéficiait pas de ces preuves d'affectueuse sympathie aux funérailles de son mari. Le bécot de mon enfance était solennel, rare et pas juteux du tout.

Depuis quelque temps, on se sent obligé d'offrir son maquillage ou sa barbe à tout venant sous prétexte qu'on fait connaissance avec un quidam. De grâce, laissez les bactéries frayer seules leur chemin et soyez généreux, laissez-les à leur propriétaire et surtout, apprenez à doser vos preuves d'attachement et à discerner ceux à qui elles sont destinées.

Le baiser, qu'il soit bec, bécot ou bisou, est un mode d'expression de tendresse qui ne s'applique qu'à des intimes. Il est à se demander si on est à la veille de prendre à témoin nos premiers ministres se rencontrer et s'imprimer un baiser sur la bouche «à la soviétique». Laissez à Brejnev ce qui appartient à Brejnev!

Avant d'en arriver à cette importation-là, serrons-nous donc civilement la main. Elle est si éloquente.

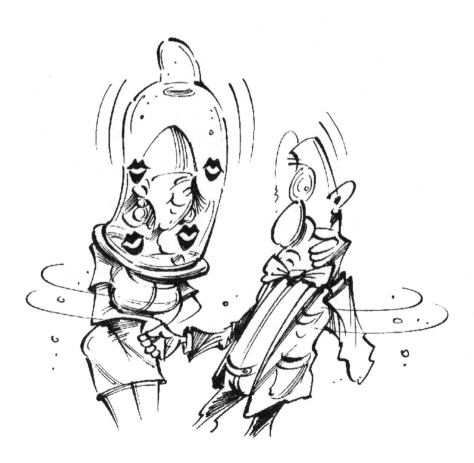

SUR LES HABITUDES INTERNATIONALES DE SERRER LA MAIN

...et la pince

La manière la plus courante d'approcher quelqu'un en société et en affaires est de lui offrir sa main à serrer, que ce soit sur notre continent ou à l'étranger.

On offrira sa main en l'avançant, le pouce bien levé afin qu'elle soit facile d'accès; la personne qui la saisira établira ainsi un bon contact. Si on présente une main sans muscle (la main molle) dont le pouce est retourné vers le bas, le contact n'est pas assuré et l'impression qu'on laisse est celle d'une personne timide et sans énergie.

En dehors de notre continent, l'étiquette demande qu'on serre la main de chaque personne se trouvant dans le groupe auquel on appartient lors d'une réunion. Il faut éviter de substituer la poignée de main en secouant celle-ci en l'air et de lancer cavalièrement: «Salut, tout l'monde!» Ce geste n'est pas convenable et est mal interprété puisqu'il suggère un manque d'implication, ce qui peut choquer. La coutume exige de serrer la main en arrivant et en partant.

Apprenez à serrer les mains. Ne présentez pas une main mollassonne, ou des doigts timides et surtout mouillés. Tenez toujours votre verre à un cocktail de la main gauche pour ne pas offrir une main moite ou glacée à serrer. Ne broyez pas les phalanges baguées des dames à la manière de Tarzan. Si vous n'y êtes pas habitué, ne vous lancez pas dans le baisemain; vous trahiriez votre innocence et votre candeur dans ce domaine.

En serrant la main, ne gardez pas celle-ci trop longtemps. Rendez-la à son propriétaire.

Il est admis qu'une femme gantée offre sa main à serrer dans la rue. Un homme, en pareille occasion, se dégantera.

Les Européens: Toutes les occasions sont bonnes de se serrer la main en Europe. C'est une façon de prendre contact avec les gens. En arrivant ou en se quittant pour le déjeuner, par exemple, que ce soit au bureau, à l'université, dans la rue ou à l'intérieur. Dans un groupe, on accordera une poignée de main à la personne la plus âgée ou à celle ayant le plus haut rang, puis aux autres, suivant leur rang. La personne la plus âgée ou au rang le plus élevé tend la main la première.

Les femmes se serrent la main entre elles. C'est à la femme d'affaires d'offrir la sienne à un homme. Si une femme d'affaires nord-américaine ne se soumet pas à cette règle avec un cadre mâle européen, elle perdra de sa crédibilité.

Les Arabes: La poignée de main des Arabes est plus molle et dure deux fois plus longtemps que la nôtre. Si la main est retirée trop rapidement, ce geste est considéré comme un refus.

Les Japonais: Ils serrent la main en la secouant une seule fois en un geste ferme. La plupart des personnes d'affaires japonaises serrent la main à des cadres étrangers ou combinent la poignée de main et la révérence, typique au Japon. Il est souhaitable de répondre à une révérence par une révérence.

Où que vous soyez dans l'arène internationale, il est impensable de ne pas serrer la main au début et à la fin de réunions d'affaires ou mondaines.

Ne vaut-il pas mieux serrer la main que les mâchoires?

À TU ET À TOI

Faut-tu dire vous?

La langue française offre le choix entre un *tu* et un *vous* qui est beaucoup plus sensible qu'on pourrait le croire. Ce choix permet de différencier les situations qui autorisent le respect, la considération, le sens de la hiérarchie et la volonté d'établir une distance, qu'elle soit professionnelle, mondaine ou sociale, ou qui encouragent la familiarité, l'intimité ou la convivialité. L'usage de l'un et de l'autre peut transformer l'état ou la qualité de bien des rapports humains.

Au Québec, on est pressé d'établir des relations de fraternité et de camaraderie. L'intention est louable. La conséquence devient négative lorsque le désir d'intimité se manifeste en toutes circonstances, le *tu* allant trop loin et trop vite; il prend alors des proportions excessives et fait place à la tension et à l'ambiguïté. Le *vous* est le rein de la langue parlée; il filtre la mauvaise humeur, la colère, le mépris, l'insulte facile et la vulgarité. Le vouvoiement constitue un obstacle de taille à l'insolence et installe une distance courtoise.

En famille, tout le monde se tutoie. C'est lorsque l'enfant grandit qu'on lui apprend qu'il est des personnes qu'il faut vouvoyer. Malheureusement, dans un grand nombre d'établissements scolaires, on favorise le tutoiement d'écolier à maître et vice-versa et l'enseignement du français est à l'image de cette grande permissivité et de cet effacement générationnel. Les adolescents savent rarement conjuguer un verbe jusqu'à *nous*. C'est *je*, *tu* et *on*, et après cet effort le déluge! Un déluge d'erreurs et de laideurs.

Les jeunes devraient s'adresser à leurs aînés en les vouvoyant. Si ces derniers désirent l'inverse, ils initieront cette pratique.

En un certain milieu de travail, par exemple dans la salle de rédaction d'un journal ou sur scène, le tutoiement est automatique; il n'est que le directeur et le producteur pour être parfois épargnés. Dans une entreprise, les collègues se tutoient mais vouvoient leurs supérieurs, surtout en présence de clients ou de personnes ne faisant pas partie de leur environnement quotidien de travail.

Il est des cas embarrassants où le doute ne permet pas l'abstention: la rencontre avec un ancien camarade de collège devenu premier ministre ou maire de la ville, une lointaine relation sentimentale ou un vieux professeur devenu votre élève. Que faire? En public, on n'hésitera pas à se vouvoyer; ce n'est que dans la détente de l'aparté ou de l'ambiance amicale qu'on utilisera le *tu*.

De même, il est difficile d'apprécier le plombier qui se présente pour la première fois à une dame en déclarant: «Je suis le plombier; qu'est-ce qu'ils ont donc, tes tuyaux?» Cette présentation me paraît grossière et exposée à la rouille, si je puis dire.

Les États-Unis nous ont, encore là, beaucoup influencés. On aime s'interpeller par son prénom ou présenter quelqu'un en utilisant même un sobriquet ou un raccourci. Il apparaît assez ridicule de présenter le président des États-Unis comme Bill Clinton; cette façon de faire ne le rend pas plus démocratique. Au contraire. Vu son poste, son prénom William lui conférerait déjà plus de crédibilité et de respect. Si quelqu'un présente sa secrétaire, il lui donnera son nom entier précédé de *Madame* et non pas: «C'est Suzie» comme si on donnait une identité à un meuble. Cette manière décontractée incite immédiatement au tutoiement, et pourquoi tutoierait-on cette personne? Certains en usent au nom de la démocratie, qui est, la pauvre, mêlée à trop de sauces. Cette attitude est banale et commune.

Au Québec, le recours au *tu* est tellement étendu que même Dieu, dans les prières, doit s'y soumettre.

Cette habitude qui est la nôtre de tutoyer sans discernement n'est pas toujours appréciée à l'étranger, que ce soit en France, au Maroc ou en Haïti. Le fait de dire *tu* à un chauffeur de taxi ou à une vendeuse dans un magasin est très mal considéré dans les autres pays de la francophonie.

Ceux à qui le *vous* semble désuet et pénible peuvent se consoler, car il est des contrées où on se parle encore à la troisième personne. De quoi en perdre son... italien!

Dans un esprit d'esthétique, Georges Duhamel rêvait d'une société qui ne tutoierait que les chefs-d'œuvre.

SAVOIR ÉCOUTER

Oreille, ouvre-toi!

Si on prête une oreille attentive à l'intérêt qu'on nous porte, on donnera l'écoute à ceux qui ont besoin de se faire entendre. L'oreille est un organe lié à l'information; elle est aussi un appendice associé à l'attention; elle est enfin un attribut allié à la compassion.

Les cavités du cœur s'appellent-elles oreillettes parce qu'elles écoutent en secret le bon fonctionnement de ce muscle triangulaire qui nous dit le temps, les pulsions, les caprices de notre santé corporelle et morale?

Savoir écouter est la politesse maîtresse en communication. On n'interrompt l'écoute que si on a été invité à le faire. Le bavard incorrigible, l'égocentrique encombrant, le phraseur impénitent, qui interrompent le discours de leur interlocuteur, font preuve d'intolérance et d'impertinence. Les âmes bien nées supporteront avec un flegme exacerbé; un petit nombre n'écoutera que d'une oreille; d'autres s'engageront dans une joute oratoire dont l'issue est à craindre; certains prendront l'air insensible et ennuyé que suggère toujours le ridicule de la vanité.

À une réunion, à la table d'un restaurant, à une réception, il vaudra mieux attendre qu'on vous montre de l'intérêt avant de prendre d'assaut la parole. Chose curieuse, on écoute beaucoup avec ses yeux. Leur contact avec la personne qui parle est capital.

Il est des situations où savoir interrompre fait loi, et peu hélas! s'en préoccupent. Lorsqu'une personne prend l'initiative et le plaisir de colporter un scandale ou un potin, ou d'égratigner injustement la réputation d'un collègue, d'un ami ou d'un membre de la famille (la vôtre), l'attention devra être suspendue. Si on est diplomate, on adoptera un air absent; si on l'est moins, on se convertira en courant d'air; et si on devait se sentir l'âme intrépide en... n'écoutant que son courage, on priera l'ignoble de se taire.

En cas d'urgence, il est naturellement permis d'interrompre pour annoncer une dépêche, pour corriger avec habileté une erreur grave ou encore pour ajouter un élément de poids à l'entretien. Dans ce cas, on s'excusera avant de s'exprimer.

À bon écouteur, salut!

UN REFUS POLI? CE N'EST PAS DE REFUS!

Pour un oui, pour un non

Comment réagir devant l'affront? De nos jours, on ne lave plus son honneur à l'aube sur le pré, l'estoc à la main. Si l'outrage a été prémédité, ce qu'il faudra vérifier, on lui opposera un souverain et durable mépris. Avant de mettre fin définitivement à une amitié ancienne, il vaudra mieux faire appel au calme, le sien, et prendre du recul. Si, en effet, les intentions se révèlent impures, l'issue à considérer est celle de la rupture de ce qui aura été une belle solidarité.

Il se peut que l'insulte soit accidentelle et résulte d'un malentendu. Le cas échéant, l'obligation est impérieuse de s'excuser dans les plus brefs délais avant de faire macérer dans un jus de colère des relents de rancune qui prendront des proportions irréparables. Il serait maladroit et même grave de refuser ces excuses et cette attitude pourrait constituer pour soi un cas de conscience incommodant, voire douloureux. On ne doit pas perdre une seule occasion de se réconcilier avec l'humanité.

Présenter des excuses relève de l'humilité, de la diplomatie et de l'intégrité de quelqu'un. La personne à qui elles sont adressées sera consciente de ces difficultés et saura apprécier ces vertus. On les exprimera avec simplicité et sincérité sans grand développement oratoire ni justifications illimitées. Il ne s'agit pas ici de défendre une thèse, d'ouvrir un débat ou de faire entendre sa rhétorique. Toutefois, une parenthèse s'impose: rayez à tout jamais la formule «je m'excuse», qui est un solécisme d'un usage quotidien. On fait preuve de clémence envers les autres, pas envers soi-même. Il vaut mieux présenter, offrir ou faire ses excuses ou encore prier d'excuser; on préférera même la formule toute simple *excusez-moi* ou *pardon*. Si on devait envoyer une lettre d'excuses, on choisira un ton concordant avec le sujet qui l'inspire. Des excuses pour un méfait mineur auront une résonance moins dramatique que s'il s'agit d'une impardonnable faute de savoir-vivre.

Les raisons qui amènent à s'excuser verbalement sont de l'ordre du retard, de l'oubli, de la détérioration et du dérangement, en général. Causer du chagrin, susciter de l'embarras ou commettre une offense exigent des excuses exprimées oralement ou par écrit.

Une lettre d'excuses énoncera les raisons de la démarche, exprimera des regrets et offrira réparation, s'il y a lieu. On évitera le style trop repentant et l'humilité complaisante ou la componction. L'expression du regret et de la contrition sincère est un acte honorable et digne. Il ne serait pas superflu d'accompagner sa lettre de fleurs qui traduiront plus la simplicité que l'exubérance.

Savoir refuser requiert de la réflexion, du flair, du tact. Comment ne pas blesser quelqu'un quand on doit lui faire essuyer un refus? Un gentilhomme m'a un jour avoué que ce qu'il craignait le plus de la part d'une femme qu'il désirait courtiser était de se faire dire non. Refuser à un homme (ou à une femme) faisant des propositions qui ne laissent aucun doute sur la nature de l'intimité suggérée est une affaire de nuances, de dispositions, d'attraits et de moments propices. Le degré d'évidence n'est pas toujours facilement perçu et si la femme souhaite se dérober, elle s'esquivera sous le premier prétexte. Si la femme ne se sent pas menacée, mais n'a toutefois pas l'intention de céder à l'invite proposée, elle prendra soin d'atténuer son refus en l'exprimant sur le ton de la bienveillance ou par le biais d'un mot écrit d'aimable façon. La brutalité n'est pas nécessaire dans ce cas. L'homme qui aura exprimé ses intentions ou initié une approche qui auront été refusées évitera d'insister.

En Asie, surtout au Japon et en Chine, les négociations seront fructueuses si on ne met pas ses correspondants dans la situation d'avoir à dire non. Ni soi-même. Car rien n'est plus discourtois qu'un refus. Même en affaires. Proposer autre chose ou différencier les enjeux valent mieux que de formuler un rejet. Il n'y a probablement que dans le cadre de la politique ou de l'éducation des enfants que son usage est imposé.

Quelle est la façon la moins brutale de refuser à un ami d'être témoin à son mariage? À moins d'avoir une raison aussi valable que la maladie, le décès récent d'un proche ou un voyage lointain déjà prévu et organisé, il est difficile de bien refuser un tel honneur. C'est une situation qui mérite mûre réflexion et prétexte adéquat.

À une invitation pour un dîner, une réception ou un week-end auquel on ne peut (ou ne veut) se rendre, on présentera, en personne libre que l'on est, des excuses polies sans en donner les raisons. On n'a pas à se justifier dans ce cas. De toute façon, les raisons fournies sont souvent fausses. Pourquoi les inventer? Il suffira de dire qu'on n'est pas libre ce jour-là.

La résonance sèche et l'effet stérile produits par le petit mot ingrat qu'est le *non* sont affreusement meurtriers. Avant d'en faire usage, on aura épuisé toutes les possibilités pour s'en soustraire. Il est un principe, à table, qui ne permet pas de dire non. On lui préférera le *merci*, qui permet de penser qu'on ne veut pas être resservi et, au lieu de refuser le pain qu'on offre (ô sacrilège), on l'acceptera avec grâce et on le fera circuler aux convives suivants. Comme à la dernière Cène.

Dire non, c'est exprimer le caractère définitif d'une décision. Il est utile en cas d'indélicatesse de la part d'autrui ou en position de légitime défense verbale, pour soi. Quelques mariages seraient encore en bonne condition si les époux s'étaient contentés d'essuyer la vaisselle plutôt que des refus.

Savoir rester poli en opposant un refus, c'est faire preuve de virtuosité en matière de courtoisie et de respect. Savoir dire non, c'est aussi un art qu'il ne faut pas regretter d'avoir appliqué.

Mais il est une personne à qui on ne refuse rien: soi-même!

DÉFÉRENCE À L'ÉGARD DES HANDICAPÉS

Une politesse réinventée

Les invités qui souffrent d'une invalidité sont tout d'abord traités en invités. Ils se sont rendus à votre invitation parce qu'ils souhaitent s'amuser et partager le plaisir d'être avec vous et les autres convives.

Une personne en fauteuil roulant aura priorité pour entrer à la maison et on s'assurera que tout soit mis en œuvre pour faciliter son accès. Inspirées par la gentillesse et la grâce, quelques personnes s'occuperont de lui faire la conversation, de l'entourer de prévenances et de pourvoir à ses désirs et à ses besoins. Si, à table, cette personne requiert de l'assistance, on veillera à lui en fournir le plus discrètement possible.

Faire preuve de considération soutenue envers les handicapés relève tout simplement de la bonne éducation et de l'âme bien née.

Les malentendants trouvent un plus grand confort si la télévision, la musique ou le bruit environnants sont à leur plus bas volume. Ils sont désireux de capter le maximum de la conversation par le biais de leur appareil ou en dépistant les paroles prononcées sur les lèvres de leur interlocuteur. On fera un effort de langage très articulé à l'adresse d'un malentendant.

Le handicap d'un malvoyant n'est pas toujours facilement identifiable. Au cours des présentations, il faudra discrètement le faire savoir afin que l'entourage se comporte adéquatement.

Les personnes souffrant d'une incapacité quelconque n'aiment pas qu'on fasse grand cas de leur handicap mais il est nécessaire d'en être informé afin d'éviter les incidents fâcheux, les faux pas inutiles, les gaffes incommodantes, et d'être en mesure d'offrir son assistance si besoin était.

Quand un enfant se trouve en face d'une personne qui marche avec l'aide de béquilles, d'un nain, d'un manchot, d'une personne à la main enroulée dans un bandage ou de toute personne comportant une caractéristique physique inhabituelle, il arrive malheureusement souvent qu'il la dévisage en s'écriant, toujours trop fort: «Mais qu'est-ce qu'il a, ce monsieur?» ou encore: «Regarde le drôle de visage de la dame». Qui n'a pas vécu cette embarrassante situation? Il faut d'abord tenter de calmer l'enfant, lui demander de cesser de regarder avec insistance, et gentiment, avec douceur, lui dire que vous lui expliquerez les difficultés de ce brave homme ou de cette très gentille dame, une fois rentrés à la maison. Si le parent est conscient que la personne handicapée a entendu les commentaires de l'enfant, il serait bon de lui chuchoter des excuses comme celles-ci: «Je regrette ce qu'a dit mon enfant. Il ne comprend tout simplement pas et pardonnez-lui tout le malaise que sa remarque a pu vous causer.»

Il arrive qu'un enfant soit traumatisé à la vue d'une personne très différente des autres, physiquement. Une fois à la maison, il faut s'appliquer à lui expliquer nos différences et lui faire comprendre la chance qu'il a d'être en bonne santé.

Dans une famille où se trouve un enfant handicapé, il est souvent celui qui est le plus aimé ou le plus aimant de la maisonnée. Malheureusement, il se peut que ses frères et sœurs lui en tiennent rigueur et se sentent en retour négligés des parents. Ils extériorisent leur contrainte en maltraitant ou en taquinant méchamment l'enfant malade. Ces parents font face à un problème grave. Ils doivent expliquer aux frères et sœurs la chance qu'ils ont d'être sains, beaux et normalement constitués et leur faire comprendre les obstacles laborieux que leur frère ou sœur doit surmonter quotidiennement. Ils devront faire appel à leur compassion et surtout à la nécessité de se rendre compétents et utiles à son égard. La formation de l'esprit d'équipe est très importante car la famille entière doit participer à l'évolution de l'enfant moins privilégié en lui apportant l'attention soutenue qui lui revient. Un admirable moyen de créer la solidarité dans une famille en se retournant vers le point central le plus important.

«Aimer, c'est regarder dans la même direction». (Saint-Exupéry)

EN MILIEU HOSPITALIER

Sous le signe du diagnostic

Devant la maladie, toute personne, quelle qu'elle soit, est en état d'humilité, voire d'infériorité. Le médecin, l'infirmière et le personnel auxiliaire médical sont tenus de comprendre cette réaction particulièrement humaine. De ce fait, la maladie doit inspirer le respect, l'abnégation, la patience, le tact, la compassion, le silence, la générosité, la propreté et l'ordre; en somme, toutes les vertus sont bienvenues en milieu hospitalier. Oui, toutes.

Il y a 20 ans, lorsqu'on entrait dans un hôpital, on était accueilli par une odeur caractéristique de désinfectant et d'éther. On était saisi par l'aspect solennel des lieux et, surtout, par le silence presque religieux de ce temple réservé aux malades et aux soins médicaux.

Aujourd'hui, pour des raisons souvent évoquées dans la presse, les hôpitaux existent mais pas en nombre suffisant (ô paradoxe! on parle aussi d'en fermer). Ils sont encombrés de lits jusque dans les couloirs et la construction d'établissements semblables n'est pas à l'ordre du jour. L'État manque de moyens financiers et pourtant la santé est au second rang quant à son budget, après la défense nationale. Après s'être armé, prêt à partir au combat, on se prépare à tomber sous les balles puis à se faire soigner. Logique, non? Logique gouvernementale, en tout cas. Et malgré que notre pays donne l'exemple aux autres quant à son système de santé (vérifié auprès de l'Organisation mondiale de la santé), nous ne sommes pas exempts de reproches. La maladie, c'est comme la faim, il faut l'apaiser.

Aux plaintes déjà exprimées s'ajoutent celles concernant le comportement du personnel, l'étiquette en milieu hospitalier (synonyme du mot *accueillant*).

Que penser du port de chaussures de tennis quand on est médecin de garde à l'hôpital? Peut-on s'adresser à son patient par son prénom? Si on est un homme médecin, quand doit-on ouvrir la porte à ses collègues féminines? Même si on croit ne pas avoir le temps de penser à cela, la courtoisie et les bonnes manières sont très importantes aux yeux des patients, des collègues et des supérieurs. L'interne avisé sait cela et prend soin de se vêtir et d'agir selon les règles.

La pire des erreurs commises par le médecin est celle d'appeler ses patients par leur prénom ou, par souci de gentillesse, de s'adresser à une dame âgée dans des termes chagrins, du genre: «Qu'est-ce qui va pas, ma petite dame?» Un médecin devrait s'adresser à une dame en l'appelant Madame, à moins qu'elle ne l'invite à faire autrement.

En outre, les médecins devant leurs patients devraient s'appeler entre confrères par leur titre et leur nom de famille, car ils se trouvent en situation professionnelle. En dehors de leur lieu de travail, sur le terrain de golf par exemple, il auront tout loisir de s'appeler par leurs prénoms.

Une autre erreur commise par les médecins est de négliger de citer le titre de courtoisie de leurs patients quand ils leur adressent du courrier. Il est de rigueur que tout ce qui est adressé en dehors des limites du bureau de consultation ou de l'hôpital comporte le titre et le nom de famille dûment épelés. Il est essentiel de donner à chacun son dû. Pas tant parce que les médecins eux-mêmes le réclament, mais parce que souvent les patients souhaitent établir une distance avec eux. Ils désirent que cette part de dignité leur soit conférée. Ils apprécient la chaleur et le contact humains dans un contexte professionnel.

Comment doit se vêtir le jeune médecin ou l'interne? Il est regrettable de dire que parfois le seul attribut reconnaissable à la panoplie du médecin est le stéthoscope enroulé autour du

cou qui semble être là pour remplacer temporairement le
baladeur. Confort et élégance peuvent aller de pair. Il faut
éviter le t-shirt cependant et la casquette de baseball. La cravate, la chemise et la ceinture sont des accessoires vestimen-
taires toujours de mise. Les femmes médecins devraient porter
la jupe. Néanmoins, il y a des circonstances où le port du pantalon est indispensable.

Les médecins ne devraient jamais porter d'espadrilles au
travail. Plusieurs manufacturiers de chaussures en produisent
qui sont à la fois très confortables et élégantes. Elles seront
bien cirées et entretenues. L'important est d'avoir l'air soigné:
les cheveux seront régulièrement coupés et toujours propres,
les ongles manucurés et les petites forêts dans les oreilles
épilées. Les médecins doivent être une source d'inspiration et
l'image qu'ils offrent à leurs patients doit être rassurante à
l'égard de la propreté et de l'hygiène. Merci à tout docteur de
se séparer de sa chique de gomme à mâcher avant la consultation et à l'ophtalmologue qui pratique l'examen du fond de
l'œil de réduire sa consommation d'ail.

L'étude du *Journal of the American Medical Association*, rapporte que 65 % des 200 patients ayant répondu à leur questionnaire préfèrent que le médecin se présente en blouse blanche; 52 % croient qu'il n'est pas convenable qu'un médecin porte des jeans en consultation; 37% des patients interrogés sont en faveur du port de la cravate pour les hommes médecins et 34 % aimeraient que les femmes médecins portent la robe ou la jupe, surtout les patients plus âgés (55 ans et plus).

Quelles sont les bonnes manières élémentaires à observer au téléphone? À moins d'une urgence, le médecin ne devra jamais être interrompu lorsqu'il parle avec un patient. En l'occurrence, le médecin devra prier son patient de bien vouloir l'excuser et il dira au correspondant du téléphone qu'il est en consultation et proposera de fixer une heure pour le rappeler. Si l'urgence est grave, conseiller le nom d'un confrère.

Si le médecin fait un appel et se voit obligé de laisser un message, il s'assurera de donner toute l'information requise: nom, numéro de téléphone et heure de l'appel. Il est impératif pour tout le monde de retourner ses appels avec promptitude.

Comment refuser poliment les sollicitations faites par des amis pour obtenir une consultation spontanée ou fortuite pendant les heures de loisir? Un médecin peut et doit établir ses limites en disant: «J'ai vraiment besoin de mes jours de congé. Mon cerveau est en vacances dès que je sors de l'hôpital. Si vraiment vous avez besoin de soins, appelez votre médecin de famille.» Ceci étant dit sur un ton léger, mais néanmoins ferme.

Quelle est la manière idéale de neutraliser les élans d'un patient qui cherche à séduire son médecin? Il est primordial pour le médecin ou l'interne de ne pas se retrouver dans une situation compromettante. Un médecin en consultation ne devrait jamais se trouver seul, sans l'infirmière de service, en présence de son patient ou de sa patiente. La situation peut être délicate à contourner. L'attitude à prendre est celle de celui qui ne comprend pas. Si cette stratégie ne réussit pas, il faudra prendre toutes les dispositions pour éviter de tomber dans ce piège. Autrement, dire sans émotion apparente: «Ma fonction est de vous prescrire le traitement qui vous convient

et ma relation avec vous est uniquement et entièrement professionnelle». Ceci dit sur le ton le plus neutre.

Les visiteurs aux malades doivent aussi se soumettre aux
règles de la courtoisie, la première étant de respecter les heures
de visite. Il est recommandé de s'enquérir de l'état du malade
avant d'entrer dans sa chambre et de toujours savoir quand
partir. Si on est soi-même grippé ou enrhumé, on s'abstiendra
d'entrer dans la chambre du malade qui est déjà suffisamment
vulnérable. Souvent les personnes hospitalisées ne souhaitent pas
recevoir de visites et leur préfèrent des fruits ou des fleurs pas
trop odorantes.

On se montrera discret et on n'osera pas de questions qui
pourraient alarmer ou embarrasser le malade. On ne se présentera pas parfumé ni imprégné d'odeur de tabac et on ne criti-
quera pas les soins et le personnel de l'hôpital.

Les visiteurs déjà au chevet du malade depuis quelque temps
devront s'éclipser à l'arrivée d'un nouvel arrivant et éviteront de
s'asseoir sur le lit. Que les sadiques qui veulent offrir enfin à
leurs rétines le spectacle malsain de leur belle amie sans fard et
amaigrie arborant des racines de cheveux démunies d'attentions
apprennent à contrôler leurs désirs d'humiliation.

Si, aux heures de visite, le personnel infirmier doit admi-
nistrer des soins, il est impératif que les visiteurs quittent la
chambre. Dans le cas où le patient partage une chambre commune, il appréciera qu'un rideau soit tiré pour permettre que
son intimité ne soit pas meurtrie lors de l'administration des
soins.

Le silence ou la conversation à voix basse doivent toujours
être observés; ils sont une marque de respect en soi.

Les malades, devant leurs visiteurs, s'efforceront d'être
affables. Le sourire est en soi une petite trousse médicale. C'est
une manière de se montrer courageux, de dédramatiser ce qui
peut être triste et une belle façon de garder l'envie de vivre.
Devant leurs médecins, les patients tâcheront de participer à leur
guérison en ne la leur déléguant pas entièrement. Leur participation morale et physique au traitement peut avoir autant
d'effets que le traitement lui-même. Rire de la médecine ne se

fait pas, surtout en cette ère de grands périls comme le sida. Si je puis dire, comportez- vous de façon que votre médecin traitant ne vous prenne pas en... grippe.

La gentillesse, la courtoisie et le bon goût à l'hôpital sont certainement les vertus de cœur les plus prisées dans un milieu où l'erreur n'est pas permise.

Chez le dentiste

Les dentistes n'aiment pas beaucoup travailler sur des patientes maquillées. La douleur de se présenter le visage nu est souvent plus aiguë que celle qu'il pourrait infliger avec sa roulette.

Mesdames, ayez l'œil charbonneux mais la lèvre et la joue anémiques le jour de votre visite.

J'ai la chance d'avoir un dentiste qui travaille avec un masque. S'il est fumeur ou consommateur d'ail, je n'en suis pas informée. De son côté, il est protégé de la même façon.

Quant à mes dents, elles seront fraîchement brossées avant de me présenter... à l'heure.

Cheese.

EN ÉTUDE LÉGALE

La loi et ses codes

Si le médecin inspire l'angoisse, et si la maladie suggère la souffrance, l'avocat, lui, provoque l'inquiétude et son cabinet, l'insécurité. Pourquoi alors les patients ont-ils dans leur poche ou dans leur sac le mouchoir nécessaire pour parer aux débordements, tandis que les clients trouvent d'emblée chez leur avocat la boîte de *Kleenex* consolatrice? Craint-on plus de perdre son honneur que sa santé? Ou le contraire?

À la maison, à l'école, à l'église et dans la société, on entend rarement parler de droit. Si bien que lorsqu'il faut y faire face, on est confronté d'abord à un jargon aux consonances savantes, né-buleuses et pas du tout rassurantes. La justice se prévaut encore, anachroniquement, du caractère sacré qui lui fut octroyé dès les origines: caractère sacré et mystificateur qui se traduit par des extravagances de coutumes, de costumes et de langue de bois qui font de nos juges des personnages de théâtre. Le client s'adressera à son avocat en l'appelant «Maître» («Maîtresse», même avec une majuscule, tendrait à faire sourire), «Madame» ou «Monsieur». À la Cour, on utilisera toujours les titres des personnes qui la consti-tuent. À un juge, au Québec, on dira «Monsieur le président», «Monsieur le juge», «Votre Honneur» ou encore «Votre Sei-gneurie». C'est l'avocat qui l'indiquera à son client.

Qui ne sait pas que l'inconnu est pervers et redoutable? Il y a 30 ans, l'avocat faisait partie des notables de sa ville et imposait, par sa docte présence, le respect. Est-il possible qu'il soit devenu avocat tout court (j'allais dire tout Cour) et de la défense, ma-gistrat, plaideur, homme de robe, juge titulaire ou d'instruction, notaire, procureur, bâtonnier, et se fasse un vilain plaisir à vouloir confondre son client? Je souhaite que non, mais qui ne l'a pas cru?

Pourquoi n'initie-t-on pas en milieu scolaire les enfants aux droits de la personne, à l'art de se défendre, à la définition de toutes ces appellations qu'on ne sait identifier, à la connais-sance succincte des codes civil et pénal et enfin, au rôle que jouent la femme et l'homme de loi?

Gide a dit que l'ignorance des dangers fait leur force. Écartons ce danger-là. Il est grave. Même en ce qui concerne l'étiquette.

Dans son étude légale, l'avocat fera tout pour que son client comprenne les termes qu'il emploiera par voie orale ou écrite. Les expressions anciennes utilisées sur les déclarations légales ne sont pas toujours à la portée de tous.

Devant l'inexpérience de son client, l'avocat-plaideur devra freiner sa grandiloquence et sera économe des gestes qui l'accom-pagnent. À son bureau, il évitera la fâcheuse habitude, hélas très à la mode, de poser ses pieds croisés sur son bureau, offrant ainsi à son client un paysage morne et une attitude méprisante. Un langage souvent impertinent pour parler d'un tiers a remplacé les expressions péjoratives d'autrefois: *le sieur, alias, sis,* etc. Dommage! Le beau discours, même ironique, se laissait facilement habiller de la toge. Aujourd'hui, les conjugaisons et la concordance des temps apparaissent laborieuses au plaideur; il leur préfère le banal et parfois la trivialité, qui n'a rien en commun avec la simplicité et la clarté du discours. Suis-je en train de plaider une cause perdue?

Façon de parler, même si, en jurant, l'accusé offre sa tête à couper, il veut la tenir haute... le plus longtemps possible, surtout dans le cabinet de son avocat. Celui-ci doit lui rendre la situation le plus juste et le plus conciliante possible et tâchera de l'initier aux subtilités de son cas. C'est la loi d'une certaine politesse.

À son bureau, l'avocat ne se présentera à son client ni en bras de chemise ni en toge qui est réservée à la Cour. Le complet-veston et le tailleur-jupe ou pantalon sont les vêtements appropriés pour l'exercice quotidien de la profession. Les hommes éviteront de porter la chemise polo et les vêtements chamarrés. Ils veilleront à ne pas arborer trop de bijoux et limiteront ceux-ci à la montre, l'anneau de mariage, la bague de collège, les boutons de manchette et l'épingle à cravate. Il est regrettable que certaines femmes se présentent à leur bureau parées comme pour le cocktail: maquillées outrageusement, vêtues de robes trop décoratives et parées de bijoux de strass qui n'ont absolument pas leur place dans ce cadre-là. Les chaussures seront de très bonne qualité, propres et en harmonie avec le vêtement. Une prière toute spéciale aux messieurs: portez des chaussettes longues montant jusqu'aux genoux, préférablement en soie, en fil ou en laine fine, et qui ne découvriront pas, en vous asseyant, des longueurs de peau blanchâtre couverte de poils hirsutes guère affriolants. Ayez une préférence pour les couleurs foncées et évitez les teintes de limette phosphorescente ou de rose électrique que s'attribuent les artistes. Une des premières vertus de l'avocat est d'avoir du jugement, autrement dit, de la jugeote et il est recommandé d'en faire grand usage. En général, les avocats ont les cheveux soignés et il est rare de rencontrer des punks parmi eux. Certaines femmes de cette profession affichent des coiffures sophistiquées qu'il vaudrait mieux rendre plus sobres. Pour les jeunes qui commencent leur carrière, il est à conseiller de se faire guider par des consultants en mode, qui sont rétribués à l'heure et qui peuvent suggérer de très heureux investissements. Le profil soigné et élégant est extrêmement important dans la réussite d'une carrière. Il fait croire souvent à des qualités de professionnalisme et de savoir-faire. Comme en toute chose, le dosage est une vertu cardinale.

Toute personne ayant reçu une citation à comparaître (*subpœna*) devra se présenter au lieu-dit vêtue sobrement, proprement et convenablement. Il semblerait que certaines personnes s'imaginent être invitées à une réception mondaine ou à une remise de décoration. Franchement, il n'en est rien.

Même si la situation économique en met plus d'un dans l'embarras financier, même si le nombre de criminels va en augmentant, ce n'est pas une raison pour ne pas user de tact quand il s'agit de parler d'honoraires. Le sujet est délicat et, grâce encore au ciel, il en reste encore pour traiter avec pudeur. N'est-il pas désagréable de s'entendre demander tout de go, dès la première visite en étude légale, de mettre le paquet sur la table pour démarrer l'affaire. Quel que soit le client, quel que soit le cas traité, il faut éviter la vulgarité et la brutalité. Il est fort recommandé d'utiliser un langage nuancé pour parler d'émoluments et de renoncer aux manières de corsaires. La secrétaire est la personne tout indiquée pour fournir cette information, au moment du premier rendez-vous, même si la question ne lui a pas été posée. Elle le fera en épilogue d'entretien téléphonique, avec grâce et gentillesse.

Étant donné leurs honoraires relativement élevés, les avocats assureront, par le biais d'un préposé, la permanence téléphonique. Il est inacceptable d'interrompre une consultation juridique pour prendre un appel en la présence d'un client qui est facturé à l'heure. Si le cas devait être urgent et que la situation soit incontournable, l'avocat s'excusera auprès de la personne présente, prendra l'appel qu'il fera durer le moins possible et tiendra compte de ce temps grevé sur celui du client assis en face de lui. En ce qui concerne la facturation, l'information à donner sur les tarifs de consultation et le mode de paiement, il vaudrait mieux que cette fonction soit confiée à la secrétaire.

Les confrères devront s'interpeller par leurs titres lorsqu'ils sont en étude, en pratique ou à la Cour, même si le panache hollywoodien auquel on s'attend a forte tendance à disparaître. Le juge s'efforcera de ne pas réprimander en public les avocats, de quelque parti qu'ils soient. Oui, la Cour, sans intimider, doit faire preuve de dignité. Faire valoir ses droits est une affaire d'honneur. Un peu de décorum n'est pas de refus.

POURBOIRE... À CEUX QUI ONT SOIF

Pas toujours un plaisir intégral

Quel que soit le pourboire qu'on laisse, on est de toute façon condamné à l'ingratitude. La satisfaction, dans ce domaine, est invisible. L'art et la science du pourboire sont épineux à cultiver, eu égard à la variance des attitudes et des règles du jeu. Dans le monde prétendument démocratique d'aujourd'hui, il est ahurissant de constater que cette pratique persiste, précisément parce que les raisons historiques du pourboire sont devenues largement désuètes.

En France, le mot *pourboire* veut littéralement dire «pour boire» et l'usage de donner de quoi se payer une bière est très répandu dans les pays de la communauté européenne, même quand le service est à peine perceptible, voire inexistant.

Dans l'Angleterre du XVIIIᵉ siècle, le mot *tip* est censé être l'acronyme de «*To Insure Promptness*» et était une pratique en vigueur dans les cafés de Londres, même si l'habitude de gratifier les gagne-petit comme les serviteurs, les domestiques, la valetaille et les chasseurs d'hôtel remonte à beaucoup plus loin.

À l'origine, les chauffeurs de taxi londoniens recevaient un pourboire pour être encouragés à emprunter l'itinéraire le plus court pour se rendre d'un endroit à un autre. Ironie du sort, les Britanniques sont aujourd'hui considérés, parmi les Européens, comme ceux qui laissent les plus maigres pourboires ou en font fi.

Il arrive que le client contemporain fasse non seulement preuve de générosité mais se fasse simplement abuser. Combien de fois avez-vous été soumis, au restaurant, au rituel de remplir la ligne vierge destinée au pourboire, lorsque vous réglez l'addition avec votre carte de crédit, pour découvrir plus tard que les 15 % alloués au service vous avaient déjà été calculés?

Attention à ceux qui sont loin de faire preuve de largesse au restaurant! Les garçons de restaurant peu scrupuleux font souvent état de leurs sentiments en s'exprimant fort et avec véhémence, parfois par le biais d'injures, et ils ont souvent rendu sa misérable obole au client humilié. En outre, qui se voit aujourd'hui rendre la monnaie de sa pièce en payant le chauffeur de taxi qui trouve normal de s'attribuer automatiquement une gratification qui ne lui est pas toujours due puisqu'il répugne à ouvrir la portière et à caser les valises dans le compartiment à bagages, surtout par intempéries?

ENQUÊTE EN EUROPE

En faisant une enquête en Europe, on se demande si tous les pays sont prêts à suivre l'exemple du Danemark et des Pays-Bas, où le pourboire, en tout et pour tout, n'existe pas. Dans ces deux pays, les garçons de restaurant, les chauffeurs de taxi ou les coiffeurs demandent des tarifs qui sont aussi nets que des relevés de banque et rien ne doit y être ajouté. Les Danois prennent l'attitude de ceux qui ont toujours droit au bon et loyal service qui leur est procuré et estiment qu'ils n'ont absolument pas à surenchérir.

Quel contraste avec la France où, si vous négligez de laisser à un chauffeur de taxi un vigoureux 10 à 15 % sur le tarif exigé, sa réaction frôlera la violence, elle, bien gratuite. Il serait certainement utile de savoir que la France est un des rares pays, avec l'Espagne et la Belgique, où il est recommandé de donner 2 ou 3 francs à l'ouvreuse de cinéma et de théâtre. Le cas échéant, tout particulièrement à Paris, vous risquez d'être abandonné devant un strapontin par l'ouvreuse qui ponctuera son geste d'exclamations éloquentes de dépit et qui ne laisseront au public aucun doute sur la mesquinerie de votre attitude.

Le salon de coiffure est un autre champ de mines. Tous les pays européens s'accordent à dire qu'il est inconcevable d'y gratifier le propriétaire. Il devrait en être de même en Amérique du Nord, où celui-ci se sent lésé s'il ne se voit pas accorder le moindre dollar. Cet exemple ne devrait pas priver la personne préposée au shampooing, ni celle qui coiffe, ni celle qui vous apporte le sandwich et la tasse de café d'un ou deux billets.

À VOTRE DISCRÉTION

De manière générale, lorsque le service est clairement inclus sur la facture, il est proposé à la discrétion du client de laisser quelques pièces additionnelles selon son bon vouloir.

Si un pilier de bar est fidèle à son titre toute la nuit durant et savoure le plaisir de se faire servir à boire à sa table, il serait mesquin de ne rien laisser au garçon pour son service; la décence suggère de laisser 10 % de la facture.

Quant aux repas dont le service est inclus sur la facture, la courtoisie propose de laisser la monnaie rendue après le règlement de celle-ci. Cependant, il serait bon de s'assurer si le service à la chambre d'hôtel inclut un supplément pour les repas qui y sont servis (cette pratique existe dans presque tous les bons hôtels), à moins que le valet de service ait déposé le repas sur une table de votre choix et ait déplié votre serviette de table.

SERVICE AFFAIRES

Pour le service affaires dans les hôtels, qui vous permet entre autres d'envoyer un fax, le pourboire est inclus dans les charges et vous ne devez pas en laisser à la secrétaire. La femme de chambre et les membres du personnel que vous ne rencontrez pas savent apprécier à leur juste valeur une marque de reconnaissance, surtout s'ils ont fait preuve d'empressement à votre égard en cherchant un objet que vous avez perdu et l'ont retrouvé derrière la table de chevet. Il serait impossible d'être trop spécifique quant aux pourboires. Dans les hôtels très élégants, après un séjour d'une semaine, la femme de chambre se verra gratifier de 10 à parfois 100 $. La pratique d'offrir des cadeaux provenant des comptoirs d'esthétique et de parfumerie n'est plus appréciée.

Concernant la vaste disparité des coutumes et des tarifs pour les services en Europe, il est fort possible de commettre une erreur en versant son pourboire, à un moment donné. Toutefois, le tableau proposé plus loin pourra servir de guide éventuel.

Un certain support moral devrait être apporté à l'ex-Chancelier de l'Échiquier, Norman Lamont, qui a laissé une livre sterling en guise de pourboire après avoir dîné avec un ami dans un restaurant où le service n'avait pas été perçu sur une facture de 60 livres sterling. Ce faux pas éclatant a pris des proportions si grandes qu'il a fait les manchettes d'un journal anglais à sensation.

Ce pauvre M.P. (*Member of Parliament*) assiégé aurait dû tirer profit d'une page du livre de Groucho Marx quand, dans *Une nuit à l'Opéra*, il a demandé à un valet:

«Le pourboire est-il de mise sur ce bateau?

— Oui, monsieur, répondit le laquais.

— Auriez-vous deux billets de 5?

— Oh oui! monsieur.

— Vous saurez donc vous passer des 10 cents que j'avais prévus à votre intention.»

AMÉRIQUE DU NORD

Au Canada comme aux États-Unis, toute occasion est devenue bonne pour gratifier un service et le pourboire a pris des proportions si extravagantes qu'il paraît nécessaire de se pencher plus amplement sur ce sujet à controverse.

Par les temps économiques qui courent, il faut reconnaître que nombreux sont ceux qui comptent sur le pourboire pour arrondir leurs fins de mois, surtout les étudiants qui travaillent pendant l'été en prévision de leur année universitaire.

La nécessité du pourboire ne doit pas faire loi dans les situations suivantes:

— si le service est rendu de façon désagréable, malveillante et sans compétence;

— si un chauffeur de taxi emprunte l'itinéraire le plus long pour atteindre la destination annoncée et/ou s'il refuse d'aider et de livrer les bagages de son véhicule;

— dans le cas où le service a déjà été calculé dans la facture.

Si le client juge que le service aurait pu être mieux rendu, il laissera un pourboire inférieur aux normes avec, éventuellement, un mot d'explication dit sur un ton civilisé.

Dans la plupart des restaurants, pour un repas assis et pris en salle, on laissera 15 % de la facture avant les taxes (au Canada, la somme des taxes égale celle du pourboire). À un buffet, on laissera 10 % de la somme à payer.

Souvent, dans les restaurants très élégants d'Amérique du Nord, on aura à acquitter deux factures: celle du restaurant et celle du sommelier. Le maître d'hôtel a comme tâche de vous asseoir à une bonne table et s'attend à se faire offrir discrètement dans la main gauche, au moment de votre entrée dans la salle à manger, un billet de 10 $. Au moment de quitter le restaurant, le capitaine (celui qui prend la commande, désosse le poisson et reçoit vos plaintes) recevra 5 % de la facture restaurant. Les jeunes garçons qui voltigent autour des clients et changent verres, assiettes et couverts se partageront 10 % de la facture restaurant. Quant au sommelier, il se verra remettre 10 % de l'addition des alcools. Tout cela pour un total de 20 % de l'ensemble de la facturation, indispensable au personnel d'un établissement sélect, qui souvent ne reçoit pas d'autres émoluments.

Le valet de stationnement qui ramène la voiture à la porte recevra deux ou trois dollars et la dame du vestiaire un dollar.

TAXIS

À New York ou à Toronto, le minimum de pourboire à laisser au chauffeur de taxi est de 50 cents. Il est évident que la longueur de la course déterminera l'importance du pourboire. Pour une course de 5 $, laissez 50 cents. Pour celle de 10 $, offrez 1,50 $ à 2 $; mais pour vous faire conduire à l'aéroport depuis le centre-ville, comptez de 15 à 20 % du tarif. Si le chauffeur vous aide avec vos valises et vous ouvre la portière, ne vous évanouissez pas de surprise mais considérez toutefois que cela tient du miracle et, une fois ce choc passé et dès que vous aurez récupéré vos esprits, augmentez la somme prévue.

HÔTELS

Dans un hôtel de luxe, on offre 2 $ au portier, 3 $ par valise au chasseur, 20 % du service inscrit sur la facture pour le service à la chambre et un minimum de 2 $ à chaque visite d'un serveur ou d'un chasseur, 2 $ par nuitée à la femme de chambre, montant qu'on laissera sur son oreiller, 5 $ au chasseur qui effectuera une course spéciale, de 1 à 5 $ pour le service de nettoyeur, 2 $ au valet de stationnement qui ramène la voiture à la porte, 1 $ à celui qui hèle un taxi, 4 $ par intempérie et lorsque la mission s'avère difficile, 5 $ au concierge qui s'est efforcé de trouver de bons billets de théâtre ou qui a réussi à retenir *in extremis* des billets d'avion. S'il l'a fait avec une extrême courtoisie, on poussera jusqu'à 10 $.

Il est évident qu'on ne gratifiera pas le concierge ni le chasseur si on ne fait pas appel à eux.

À l'hôtel plus simple des petites villes, on veillera à donner 1 $ au portier à l'arrivée comme au départ, 2 $ au chasseur (ou plus, selon le nombre de bagages), 10 à 15 % pour le service facturé à la chambre, 1 $ par nuitée à la femme de chambre (2 $ si deux personnes partagent la chambre), 50 cents à 1 $ à chaque livraison du chasseur, 3 $ au portier pour une course spéciale et 1$ pour le valet de stationnement.

Il est à signaler ici que la personne désireuse de transporter elle-même ses valises est totalement libre de le faire, mais qu'elle ne devra jamais s'occuper du moindre bagage dans un hôtel de luxe. C'est la chasse gardée du... chasseur et si vous tentez de l'éviter, votre désir d'économiser des bouts de chandelle sera mal perçu par tout le monde.

Si l'hôtel inclut dans la facture le service pour le personnel à votre disposition, il est manifeste qu'il n'y a rien à ajouter.

Après un séjour à l'hôtel où le maître d'hôtel s'est montré particulièrement attentionné, il faudra penser à lui laisser 10 à 15 $ pour une famille de quatre personnes, et 20 à 30 $ pour une famille nombreuse ou un groupe.

Si vous avez la chance d'être invité pour un week-end chez des amis qui sont assez fortunés pour s'offrir du personnel, laissez, en partant, une enveloppe contenant 15 $ à la femme de chambre, 10 $ à l'intention du cuisinier et 20 $ si vous avez expérimenté le rare plaisir d'être servi par un majordome. Souvent, le jardinier est celui qui se voit offrir le plus substantiel pourboire pour avoir su fleurir chaque jour votre chambre. Au chauffeur privé qui vous conduira à l'aéroport, offrez de 5 à 10 billets.

Pour parer à toutes ces attentes, la meilleure solution serait de laisser aux maîtres de céans une enveloppe dont le contenu global serait partagé équitablement.

COIFFEURS

À un salon de coiffure renommé, 20 % de la facture seront versés au coiffeur responsable de la coupe, de la coloration ou de la permanente; 15 % pour une simple mise en plis, 2 $ pour le shampooing et, à la manucure, 15 % de sa facture.

Au salon plus modeste, le coiffeur recevra 10 % de la facture, et 1 $ sera versé pour le shampooing et 2 $ à la manucure.

Quel que soit le standing du salon de coiffure, il est contre-indiqué de verser un pourboire au propriétaire de l'établissement.

Grâce au ciel, il est des personnes à qui il ne faut jamais laisser de pourboire: le propriétaire et le chef d'un restaurant, les domestiques et valets de pied à un dîner privé, l'agent de voyages, tous les propriétaires de services rémunérés et les officiers sur un bateau.

Soit dit en passant, sur un bateau, afin d'établir de bonnes relations, une bonne façon de commencer une croisière est de glisser 10 $ dans la main du steward de cabine dès l'embarquement et 5 $ dans celle du steward de la salle à manger dès le premier repas. Ces petites attentions encourageront la bonne qualité du service auquel on s'attend. Au débarquement, répéter l'exercice. Au steward du bar et au sommelier, on laissera 15 % de la facture. Les autres services comme le coiffeur, le masseur, la manucure se verront offrir le pourboire d'usage dans le pays d'origine de l'équipage.

Au cours des longues croisières, on versera des pourboires à la semaine à raison de 20 $ au steward en chef de la salle à manger et 10$ à son assistant; 20 $ au steward du pont (*deck*) et 25 $ au steward de la cabine.

Façon d'offrir

La façon de donner vaut mieux que ce que l'on donne, dit l'adage. Être discret est la règle d'or à appliquer dans toutes les situations. Les esclandres n'ajoutent rien à la personnalité de quiconque. Si vous êtes insatisfait, faites-le savoir à l'insu de vos invités et des clients de la maison. Si vous préférez être éloquent par le geste, armez-vous de courage et laissez une pièce d'un cent dans le petit plateau. En vérité, cette pratique doit être justifiée et réclame une bonne dose de témérité.

Au restaurant, le pourboire laissé à table ne sera pas ostentatoire; il reposera sous la facture retournée. Vos invités ne doivent pas prendre connaissance du coût du repas auquel ils ont été conviés. Si le pourboire est donné *a mano*, ce n'est pas dans la poche qu'il ira mais bien dans la main, en regardant droit dans les yeux la personne que vous gratifiez et en ponctuant votre geste d'un sourire sincère.

Le bénéficiaire devra également regarder son client dans les yeux, lui sourire avec reconnaissance, et il s'abstiendra d'examiner d'un regard assassin la somme déposée dans sa main et l'expression du client dans un aller-retour incessant et comminatoire, tout en restant figé au poste jusqu'à l'embarras extrême du client menacé de mort (expérience vécue par l'auteur à New York).

Une chose pourtant est à signaler qui est beaucoup plus importante et puissante qu'un pourboire. Une lettre adressée à l'administration pour remercier et démontrer votre appréciation sur la performance d'un employé ou d'un groupe de personnes. Sachez que vos éloges seront mises au classeur et permettront, le moment venu, de promouvoir le personnel méritant.

Ce chapitre a-t-il pris une importance justifiée? Et si, après tout, nous prenions comme modèles le Danemark et les Pays-Bas où le client estime qu'il a droit à tous les égards? Le rituel des pourboires (mendicité déguisée, ai-je entendu) serait tellement simplifié, et notre vie aussi. Réjouissons-nous du jour où nous pourrons envoyer au diable cette froide arithmétique.

L'HÔTEL, EN PARTICULIER

Une vie de château?

De plus en plus, l'hôtellerie s'industrialise et répond à des normes internationales. Les hôtels de bonne gamme appartiennent à des chaînes et on les retrouve à peu près identiques aussi bien à New York qu'au Vanuatu.

Pour mériter le service auquel on aspire, on est tenu de savoir donner le ton et d'offrir le profil correspondant, à commencer par la réservation par téléphone qui doit, plus tard, être confirmée par écrit et/ou par télécopieur. Les préférences peuvent être mentionnées (chambre, étage, vue) et certains établissements réclameront des arrhes ou encore le numéro de votre carte de crédit pour garantir le règlement de votre séjour. On établira sa durée et le choix sur la pension (demie ou entière). S'il devait y avoir un changement dans les coordonnées (horaire, nombre de personnes, durée du séjour), il est impératif d'en prévenir la réception ou la direction.

À l'arrivée, les valises sont confiées au bagagiste ou au *groom* de service, à qui il est indispensable de donner un pourboire.

Dans votre chambre, vous aurez le même comportement que si vous étiez en visite. Les mouchoirs de papier et les cotons à démaquiller iront dans la corbeille à cet effet, et les mégots, dans les cendriers, pas ailleurs.

Les vêtements seront pendus dans les placards et rangés dans les tiroirs et les valises groupées sur le porte-bagages. Après avoir utilisé la salle de bains, on veillera à ce que la baignoire soit vidée et on évitera de cirer ses chaussures avec les serviettes de bain, le couvre-lit ou encore (eh oui!) les rideaux. On tâchera de ne pas pousser la distraction jusqu'à emporter dans sa valise le peignoir, les serviettes et les couverts de l'hôtel.

Afin de ne pas rendre le personnel responsable de vos effets, on ne les laissera pas traîner ici et là dans la chambre. Les bijoux devraient être confiés au concierge, qui les enfermera dans le coffre-fort de l'hôtel.

Dans les couloirs, on freinera ses envies de parler trop fort et de claquer la porte, par simple considération pour les occupants des autres chambres, et les conjoints en mal de querelle modéreront leur frénésie de se jeter à la tête sinon des mots, du moins le mobilier. La télévision et la radio feront une sage consommation de décibels et on n'oubliera pas un singe hurleur dans la chambre ou tout simplement un chat affamé tout autant hurleur pendant son absence.

Dans la salle à manger, on se soumettra aux règles de l'étiquette de la table et bien que décontracté on ne sera toutefois pas trop naturel. Les vêtements seront décents et, même en bord de mer ou de piscine, on ne pensera pas un instant à se présenter à table le torse ou les seins nus, même s'ils sont triomphants. À un casse-croûte de plage, les femmes se dispenseront de pointer leurs obus et se draperont dans un paréo. C'est dans un restaurant ou un hôtel que la vie publique commence et c'est là qu'on bâtit sa réputation. Les manières rustiques ne s'accordent pas à ce décor.

La direction de l'hôtel sera prévenue la veille de votre départ et la chambre sera libérée avant midi. Le personnel sera remercié avec des gratifications insérées dans des enveloppes ou offertes de main à main.

Les femmes et les hommes d'affaires qui voyagent ensemble paieront leurs factures, qu'ils porteront à leur compte de dépenses respectif. Il n'est absolument pas correct qu'une femme d'affaires laisse son collègue masculin s'acquitter du taxi, du chasseur, du bar, etc. À son tour, celui-ci n'insistera pas non plus pour que sa plage de crédit soit ouverte *ad libitum.*

Le collègue offrira à sa collègue de prendre part aux mêmes activités que lui à l'hôtel (club sportif, piscine, bar, gymnase), ce qu'elle est libre d'accepter, et, dans ce cas, les frais seront partagés.

Une femme qui voyage seule se rendra au bar ou à la salle à manger autant qu'elle le désirera et prendra la précaution d'apporter son porte-documents qu'elle ouvrira pour signifier son intention de n'être pas dérangée, si tel était son souhait, naturellement.

En pays étranger, une femme seule qui désire le soir se rendre dans un restaurant autre que celui de son hôtel demandera l'aide du concierge ou du réceptionniste, qui la guideront vers un chauffeur de taxi à leur disposition et lui feront les recommandations nécessaires.

Madame, lorsque vous étiez fillette, s'il vous était interdit d'accepter les bonbons proposés par un monsieur inconnu, ne consentez pas aujourd'hui à aller admirer sa collection de papillons car il en existe une espèce qui peut laisser d'amers souvenirs.

FIGARO FI – FIGARO LA

Des bons usages chez le coiffeur

Pour beaucoup de femmes, le coiffeur est le personnage numéro deux de leur vie. Il est leur confident et celui à qui elles confient leur beauté ou du moins le soin de leur en créer une. Rencontrer un coiffeur pour la première fois c'est, ni plus ni moins, mettre sa tête à prix. Se rendre dans un institut de beauté, que ce soit pour son visage ou pour sa tête, n'est pas toujours rassurant. Pour y être bien, il faut déterminer son territoire et avoir pleinement foi dans le talent de son maître.

Si des clientes meurent d'envie de prendre le bac à shampooing pour un confessionnal, mesdames, chuchotez vos péchés; il y en a qui sont plus savoureux lorsqu'ils sont soupirés.

Un salon de coiffure et d'esthétique, c'est un peu une clinique. On y va pour des soins. De ce fait, il doit être impeccable. Les mèches ne doivent jamais encombrer le sol longtemps, les blouses qu'on enfile et les serviettes dont on s'enturbanne doivent être immaculées.

Tous les objets utilisés inspireront la netteté et l'hygiène. Le bac pour laver les cheveux, même s'il est souvent de facture noire, ne doit pas camoufler des traces humides et fraîches de colorant à cheveux ni de matière chimique pour les techniques capillaires. Les applications de la permanente ou de la teinte orange de Marrakech de Madame-avant-nous ne concernent et n'intéressent pas la cliente suivante.

Il est à noter que de moins en moins de rigueur est déployée au nettoyage des peignes, des brosses et des rouleaux à mise en plis. On s'attend à ce qu'ils soient parfaitement nettoyés après chaque usage. N'est-il pas contrariant pour la cliente de devoir retirer tous les cheveux qui se sont enchevêtrés dans les rouleaux avant de les tendre à son coiffeur? Cet état de fait est inadmissible.

Est-il superflu de dire que le personnel de l'institut ne devrait pas se coiffer ni se maquiller dans le salon devant les clients? Utiliser ensuite le même peigne pour élaborer la coiffure du consommateur semble répugnant. Cette pratique se répand malheureusement sans qu'on en fasse la remarque aux propriétaires de salon de coiffure.

Beaucoup de dermatoses et de pathologies capillaires, la plus courante étant celle des pellicules, circulent dans un lieu de cette nature. Personne ne veut risquer de les attraper. Puisque les causes de l'alopécie sont encore d'origine inconnue (en dehors de la raison génétique), personne ne souhaite courir le danger d'en devenir la victime.

Quant aux pourboires à laisser dans cet établissement, veuillez consulter la section consacrée à ce sujet.

«*IN VINO VERITAS*»

Skål!

À n'en pas douter, ce chapitre est celui qui a ma cote d'amour au superlatif. Grâce au rituel des toasts, j'ai reçu et partagé beaucoup de bonheur à table, au cours de mes années passées chez les Scandinaves qui ont le *skål* aimable, charmant, vigoureux, formel, généreux, officiel ou séducteur, selon le cas.

Le *skål* vient des Vikings, qui buvaient leur aquavit dans des crânes de bovidés (*skål*, en suédois = *skull*, en anglais) qu'ils choquaient l'un contre l'autre, ce qui provoquait un échange du contenu: un antidote archaïque contre la crainte toujours existante d'être empoisonné. Il a donné naissance beaucoup plus tard au toast qui est devenu tout un art en lui-même.

Il semblerait que les Norvégiens aient un manuel contenant presque 300 façons et raisons de porter un toast. De quoi boire jusqu'à plus soif.

En vérité, le toast est le plus agréable accompagnement à toutes les fêtes. En outre, il est fort utile. Il sert même à accompagner l'ange qui passe, c'est-à-dire à combler les silences gênants à table.

L'Europe est le puits de la science du vin, de l'eau-de-vie et de la liqueur. Depuis l'Empire romain, elle a développé le procédé de leur fabrication et le savoir-faire de leur consommation. Sur le vieux continent, chez les personnes soucieuses de bonnes manières, il est indélicat pour quiconque à table de boire seul. Le vin est une boisson précieuse qui peut devenir joyeuse. Au risque de paraître biblique, le vin a les mêmes propriétés symboliques que le pain, dans la mesure où on les partage avec les autres convives. Si *compagnon* veut dire «celui avec qui on mange le pain», c'est à se demander si *convivialité* ne signifie pas «compagnonnage avec le vin».

Quelle que soit l'occasion, lever son verre à la santé de quelqu'un est un geste de pure courtoisie dont les effets secondaires sont rarement négatifs. Cet acte transparent exige pourtant une certaine maîtrise et la posséder relève de l'art. Comme disent les Américains: «Tout est une question de *timing*.» Ici aussi. Le moment propice, la personne qui le propose, celle qui le reçoit et le lieu sont déterminants pour le succès d'un toast. L'hôte s'en servira à table pour souhaiter la bienvenue à ses invités et pour souligner la présence de son invité d'honneur. En retour, celui-ci rendra la politesse de la même façon, à la fin du repas, au nom de toute la tablée.

Le toast d'honneur peut être embarrassant si on n'y est pas initié, comme il peut être rassurant quand il est porté pour charmer ou enchanter. Il peut aussi devenir courageux s'il s'impose pour briser un silence tenace ou mettre fin aux assauts d'un négociateur trop entreprenant. En somme, le *skål* est le *life-saver* le plus séduisant et le plus limpide auquel on puisse avoir recours en société. Séduire, dans ce contexte, c'est tout simplement l'art de plaire et non pas une démarche de flirt. Tout le monde a envie de ce petit bonheur de société. Même deux hommes avisés qui négocient un contrat peuvent faire appel à ce genre de séduction.

En principe, toute boisson alcoolisée peut servir au toast, sauf la bière avec laquelle on trinque (choquer les verres) entre copains. Toutes les occasions sont bonnes pour ce faire: cocktail, déjeuner, dîner, mariage, bal, barbecue, anniversaire, repas d'affaires ou pour célébrer un événement spécial (le jour de votre dernière augmentation de salaire, il y a cinq ans, ou celui de votre divorce). Comme une présentation originale, un toast bien fait met de l'ambiance dans n'importe quelle situation.

Imaginons un ancien collègue d'université retrouvé après de nombreuses années. Vous invitez au restaurant quelques personnes susceptibles de l'avoir connu et de composer une bonne table. Au moment d'entamer le vin, vous vous levez, prenez la parole et portez un toast: «Cher Bernard, parce que tu as été mon meilleur camarade d'université, parce que tu es resté beau, que tu es devenu riche et célèbre, parce qu'il semblerait que tu es le don Juan que tu rêvais de devenir, tu mérites qu'on te salue. *Skål!*»

Un bon toast est un brise-glace idéal car il renverse tout préjugé et crée l'ambiance recherchée. Et comme un toast en entraîne un autre, souvent suivi de délicieuses anecdotes, l'événement restera marquant et inoubliable.

Pour devenir virtuose dans cet art, il faut se soumettre à quelques préceptes:

— Si vous êtes désigné pour être l'hôte à un repas, que ce soit à la maison, au restaurant ou à l'entreprise, vous avez le devoir de porter un toast à vos invités et plus spécialement à votre invité d'honneur. Si vous n'en avez pas l'habitude, exercez-vous devant un miroir; vous ferez ainsi face à votre auditoire le plus redoutable;

— Une fois vos invités assis à leur place à table, vous vous levez et, le verre en main droite, vous vous adressez à tout le monde: «Bienvenue à vous tous. Nous souhaitons une rencontre prolifique entre notre équipe et M. La Tour de Bruxelles, notre invité d'honneur. Nous formons des vœux pour que son séjour à Montréal soit un succès autant personnel que professionnel»;

— Au cocktail, l'hôte propose un toast quand la fête commence à battre son plein afin de promouvoir une personne ou un produit, d'annoncer un événement spécial ou de remercier quelqu'un;

— À table, quand les fromages sont offerts ou au dessert, l'invité d'honneur doit se lever, ne pas faire résonner son verre de son couteau et remercier ses hôtes de cette merveilleuse occasion qu'ils ont créée en son honneur: «Le repas exquis, les vins superbes me laissent une impression dont j'aimerai me souvenir longtemps. C'était un privilège d'être invité à votre table et je vous remercie pour tant d'égards. Au nom de tous vos distingués amis (ou collaborateurs), je voudrais porter un toast de reconnaissance à nos charmants hôtes.» Assurez-vous toutefois d'avoir l'attention de toute la tablée avant d'entamer votre laïus. En général, votre attitude debout permet de penser qu'il faut se taire. Si la salle est vaste et que plusieurs tables y sont réunies, demandez l'assistance de quelqu'un pour réclamer le silence;

— Les femmes ont non seulement le droit mais le devoir de porter un toast si elles sont invitées d'honneur. Si, dans un couple, l'hôtesse est plus éloquente que son mari, c'est elle qui en prendra l'initiative. Porteurs de toasts, ne craignez pas de les zester de charme, d'humour (sain) et de mordant. Ne poussez pourtant pas la témérité jusqu'à proférer l'histoire douteuse ou de mauvais goût. La vulgarité n'a jamais sa place à table (ni ailleurs);

— Si vous vous êtes enivré, restez assis. On vous sera reconnaissant de n'avoir rien à dire;

— Lorsque l'événement spécial, c'est vous et que tout le monde est réuni pour vous célébrer, l'hôte, en début de repas, proposera un toast en votre honneur. Tous se lèvent sauf vous. Tous boivent à votre santé sauf vous-même. Après avoir bu, tout le monde se rassoit et vous vous levez. Vous devez prononcer quelques mots gentils et brefs: «Je suis très ému de vous voir tous réunis autour de moi ce soir. J'aimerais à mon tour boire à votre santé et vous remercier de votre charmante attention.» Vous levez votre verre et regardez chaque personne, tour à tour, jusqu'à la dernière, sans exception. Vous buvez ensuite et vous vous rasseyez. Empressez-vous d'engager immédiatement la conversation pour rompre cet instant d'embarras, s'il y a lieu. L'aspect officiel de ce toast est intimidant mais il vous met dans la situation absolue d'appliquer votre parfait savoir-faire;

— Il faut à tout prix éviter de devancer les hôtes en voulant porter un toast. Votre tour viendra après l'invité d'honneur. Dans le doute, s'abstenir est une règle d'or. Sinon, en aparté, demandez la permission à votre hôte, qui acquiescera certainement;

— Après l'invité d'honneur, tout le monde à tour de rôle peut se lever et faire suivre son toast d'une amusante ou charmante anecdote. C'est souvent le meilleur moment du repas. Parlez clairement et à bonne voix pour que tout le monde vous entende;

— Aux grandes réceptions protocolaires, seules les personnes désignées par les organisateurs sont autorisées à porter un toast et elles seront prévenues à cet effet;

— Dans vos discours, soyez toujours positif. Abstenez-vous de faire appel à l'ironie, à la rancune. Ne touchez à la religion et à la politique qu'avec d'infinies précautions. Il vaudrait mieux passer outre ces deux sujets trop sensibles. N'oubliez pas qu'à table, en Occident, nous sommes armés (fourchettes, couteaux). Vos impôts, vos varices, la fugue de votre adolescente et votre vie sexuelle risqueraient de produire un contrecoup désastreux;

— Un bon toast doit être bref, charmant et éventuellement amusant. Il doit inspirer la détente. Il vise à présenter, à féliciter, à complimenter, à encourager et à remercier;

—Il ne serait pas superflu de dire ici que l'ébriété n'amuse personne. Si un grand Romain a déclaré: *In vino veritas*, un autre aurait ajouté plus tard que toute vérité n'est pas bonne à dire. Qu'on se le répète! Le réseau de contacts en société ne se tisse pas dans l'abus du boire et du manger. Le succès d'une réunion sociale satisfait tous les sens; l'ivresse les annihile. Connaître ses limites d'une manière générale, et celles de l'alcool d'une manière plus spécifique, peut vous assurer la grande part de succès dans la société où vous évoluez;

— Que ce soit pour des raisons de religion ou de santé, on ne doit pas refuser de boire avec quelqu'un qui vous y invite. Levez votre verre, regardez la personne avec qui vous buvez et portez le verre à vos lèvres en faisant semblant de boire. Surtout, évitez de donner les raisons de votre abstinence; elles ne doivent pas être un sujet de conversation. Les froids Scandinaves poussent le rituel jusqu'à se regarder de nouveau après avoir bu avant de reposer le verre sur la table. Une façon exquise de faire durer le plaisir;

— Il est essentiel de porter son verre à ses lèvres pour un toast. Il serait maladroit de lever son verre avec un convive et de le reposer devant soi sans le porter à ses lèvres;

— Un verre se tient par la tige et non par le galbe, afin de ne pas changer la température du vin et de ne pas laisser d'empreintes apparentes. Il ne se tient par le pied qu'entre membres d'une confrérie (taste-vin, par exemple). Contrairement au cocktail, à table, on tient son verre de la main droite comme on serre des mains droites;

— Dans une maison privée, le valet ou le domestique qui se présente au salon muni d'un plateau garni de verres laissera aux hôtes le loisir d'y prendre chacun des verres et de les offrir un à un à leurs invités. Si les hôtes servent eux-mêmes l'apéritif, ils veilleront à ce que chaque verre soit offert avec grâce, de main à main, à chacun des invités;

— À un cocktail, un verre se tient de la main gauche afin de laisser la droite libre pour être serrée;

— Que ce soit au domicile privé ou au restaurant, un invité ne redemande pas de vin. Puisqu'il ne doit pas refuser de toast, que fera-t-il si son verre est vide? Il le saisira par la tige et, à l'aide de l'index et du majeur, il camouflera discrètement la base du galbe et accomplira ce geste convivial avec grâce et élégance.

Sans dissoudre votre âme dans le regard de votre voisin de table, regardez-le tout simplement et buvez à sa santé. Si vous avez une folle envie de le séduire, chargez vos pupilles de toute la nostalgie de vos moments glorieux et... *skål*!

À TABLE!

Chapitre spécial applicable
à toutes les situations professionnelles

Ce chapitre ne devrait pas exister car le sujet de la table est si vaste, si exigeant, si beau, si charmant, si utile, qu'il faudrait un livre pour en bien parler. Ils existent et sont bien faits. Je voudrais seulement souligner ici quelques situations où les fautes sont plus flagrantes et qu'il faudrait voir à les enrayer.

Souvent, les jeunes en début de carrière et hélas! certains de leurs aînés se trouvent en position de sortir au restaurant avec des collègues et/ou des clients et ne se sentent pas toujours très à leur aise dans cette situation. Ceux qui doivent aller à l'étranger pour assister à des congrès sont souvent hésitants à l'approche de la table. Quelles anciennes règles de l'étiquette faut-il appliquer? Un homme doit-il encore ouvrir la porte à une femme? Aujourd'hui, sur le marché du travail, le traitement accordé aux hommes et aux femmes est unisexe et quelle que soit la personne qui a besoin d'aide elle est toujours en mesure de l'obtenir. La personne la plus près d'une porte se contentera de l'ouvrir à la suivante.

Au restaurant, l'hôte offrira à ses invités de commander leur menu avant lui. Dans le cas où une femme et un homme dînent ensemble, l'homme offrira à la femme de commander la première, par gentillesse.

Il est important de mentionner ici que l'hôte d'un repas d'affaires ayant lieu au restaurant ou à la table de son entreprise doit se lever pour accueillir et saluer ses invités ou les participants au repas. Cette règle concerne autant les femmes que les hommes.

Quelles sont les erreurs les plus couramment commises à table? Le choix des ustensiles (couverts) apparaît comme étant la première. Le problème est moins celui de se tromper d'ustensiles que de mal les utiliser. La façon la moins gracieuse de saisir sa fourchette serait de l'attraper comme un violoncelle et de prendre son couteau comme un poignard. Poser sur l'assiette ses ustensiles comme des rames sur un bateau n'est pas du tout élégant. Laisser son couteau la lame vers l'extérieur est un manque de considération pour son voisin. Gesticuler avec ses ustensiles en mains tout en parlant est non seulement inélégant, mais constitue un geste menaçant. Une fois les ustensiles pris, ceux-ci ne devront pas être remis sur la table dans leur position initiale.

Une autre erreur populaire est de parler la bouche pleine ou de mastiquer la bouche ouverte. Il faut porter à la bouche de petits morceaux de nourriture, ne pas avaler d'énormes quantités en une fois.

Une faute grave consiste à ne pas rompre le pain, mais à le mordre ou à le couper avec le couteau. L'usage du pain est déterminant quant à l'éducation d'une personne.

Les femmes devraient soigneusement éponger leurs lèvres sur du papier-mouchoir avant de porter un verre à leur bouche. Une femme n'enlèvera jamais son rouge à lèvres avec sa serviette de table.

Évitez de manger trop vite. Ce n'est pas un spectacle réjouissant pour les autres convives de voir les gens affamés avaler littéralement leur nourriture.

L'étiquette concernant l'usage de la serviette est de grande importance. Celle-ci doit tamponner les commissures des lèvres. Ne pas la considérer comme un papier buvard ni comme un drapeau qu'on secoue au vent. Si on doit quitter la table pendant le repas, ne pas poser la serviette sur la table mais bien sur la chaise.

Poser son sac à main ou son porte-documents sur la table est une autre faute répandue. Ceci s'applique également pour les clés, les chapeaux, les gants et n'importe quel élément n'appartenant pas à l'usage ni au décor de la table.

À table, on est tout nu. Il n'y a rien derrière quoi on puisse se cacher. La table, c'est plus explicite qu'un scanner.

SAVOIR VIVRE SON HOMOSEXUALITÉ EN SOCIÉTÉ

Entre nous

Entendu le chuchotement suivant: «Il paraît que c'est un grand homosexuel!» Mon Dieu! Quelqu'un a-t-il déjà dit que j'étais une grande hétérosexuelle? Pourquoi l'épithète devient-elle ici capricieuse? Parce qu'on ne sait plus où donner du péjoratif. À l'époque de mon enfance, pas tout à fait à l'âge de pierre, on y allait du mot *fifi* étouffé sous les ricanements. Plus tard, on est arrivé à *pédale* et à *homo*, moins dits sur le ton de la confidence. Aujourd'hui, on y va à grands coups de *pédé, tapette, tante*, etc. Des mots tous plus infamants les uns que les autres. Mais laissons donc à chacun la liberté de l'usage de son, comment dirais-je, de son amour-propre...

Heureusement, les homosexuels, au cours des 20 dernières années, ont appris à vivre et à avouer leurs amitiés particulières. Cependant, cette reconnaissance ne les autorise pas à s'ébattre en public et à se cajoler ou à s'embrasser outrageusement dans la rue, au cinéma, sur le quai des gares de métro, sur la plage ou sur les banquettes de restaurant. Il est encore choquant que ce spectacle soit offert aux gens âgés, aux enfants et, en fait, à n'importe qui. Nous ne sommes pas encore arrivés à pouvoir observer ce tableau avec des yeux blasés. Il soulève encore des réactions épidermiques. La tolérance, si elle est espérée de la part de tous, ne doit pas être confondue avec le laxisme. La provocation à travers ce comportement peut avoir l'effet d'un boomerang et faire de celui ou celle qui la pratique une victime renouvelée.

Si on invite des homosexuels dont on sait qu'ils partagent le même domicile, un carton d'invitation leur sera adressé et leur nom respectif apparaîtra sur deux lignes différentes, par ordre alphabétique. À table, leurs places seront assignées comme celles d'un couple. Dans cette situation, il serait recommandé de convier deux femmes célibataires afin d'établir un équilibre de présence masculine/féminine.

Si des homosexuels devaient passer quelques jours chez vous, poussez la discrétion jusqu'à offrir à chacun sa propre chambre à coucher.

À ceux qui voudraient développer une attitude sans préjudice envers les homosexuels, il faut dévorer Proust d'un bout à l'autre. Que ceux qui ne soupçonnent pas ce que peut être le monde de l'homosexualité lisent Julien Green en son âge mûr pour comprendre ces œuvres insolites et belles et qui livrent, avec une volupté corsée, d'authentiques aveux qui nous éduquent. Des lectures intenses.

Un microcosme passé au microscope.

SAVOIR VIVRE LE FÉMINISME

Moderato, ma non troppo

Même si je me sens en terrain miné, je prends le risque d'écrire sur le sujet. Sentant ma bravoure limitée, je demanderai plutôt à Françoise Giroud de venir à ma rescousse.

Elle dit que les enjeux des Françaises dans le combat pour l'équivalence entre femmes et hommes ont changé en prenant une tournure plus individuelle et moins harassante pour assurer leur place à la maison, au travail, dans la société.

Elle trouve navrant que le féminisme à l'américaine ait pris une allure si belliqueuse. Pour sa part et celle des Françaises, elle avoue aimer les hommes et vouloir les apprivoiser, non les émasculer. Elle se félicite que le féminisme intégriste et celui qui fait l'objet de la haine revendicatrice meurtrière qui ravage la société nord-américaine n'aient pas pris racine en France.

Elle souligne avec vigueur que l'inégalité des salaires est la forme la plus scandaleuse de discrimination. Elle prédit pour un avenir rapproché que le prochain combat des femmes, une fois les équilibres économiques rétablis, sera de stabiliser ce manque à gagner.

Chez nous, au Québec, nous voyons à la télévision des femmes musulmanes qui commencent à oser pousser des hurlements islamiques parce qu'elles en ont assez de la tyrannie, de l'oppression et de toutes les formes d'humiliation. Nous avons dépassé ce stade de la servilité, mais pourquoi devons-nous encore dépenser tant d'énergie pour faire comprendre aux hommes qu'ils sont merveilleux quand ils nous laissent nous exprimer à travers nos talents, nos aptitudes et nos moyens? Au Québec, nos mâles compagnons «en ont mangé une bonne» et ils en sont affaiblis dans leur virilité. Souhaitons que nos hommes n'aient pas de plans de représailles à l'américaine comme exprimés dans le terrible livre de Michael Crichton, *Disclosure*. À ce sujet, Elisabeth Badinter, une autre féministe française, dit que c'est un torchon qui pue la haine des femmes. Elle compare cet ouvrage à *Liaison fatale* et *Basic Instinct* qui exprimaient la même volonté de transformer les hommes américains en misérables victimes de femmes revanchardes, autoritaires, animées d'une terrible volonté de puissance. Elle condamne ces films américains qui se font une spécialité de montrer ces femmes-monstres qui font peur et elle s'insurge contre ces rôles masculins d'une extraordinaire et pathologique violence, comme *Rambo* et *Terminator*. Madame Badinter accuse le livre de Crichton d'être une arme de guerre contre les femmes.

Au lieu de nous muer en viragos, pourquoi ne prendrions-nous pas l'exemple des femmes scandinaves qui n'ont jamais eu besoin de guerroyer pour s'asseoir au Parlement ou à des postes de haute responsabilité? Un bon matin, elles ont déclaré qu'elles avaient un cerveau et on les a crues. Personne ne s'en est plaint depuis.

Mais que diable vient faire ce chapitre dans un livre sur l'étiquette? En simple contribution pour tenter de mieux savoir vivre au féminin.

SUS AUX PARFUMS

À vue de nez

Si vous faites partie de cette société composée de femmes enceintes à leurs premières nausées, d'asthmatiques ou de Cyranos dont l'appendice nasal est aussi réceptif qu'interminable, évitez d'entrer dans les grands magasins qui ouvrent sur les comptoirs-parfumeries. Non seulement serez-vous saisi, harcelé, agressé, étranglé par les odeurs qui s'y répandent, mais vous serez assailli par quelque trois ou quatre ravissantes jeunes filles qui vous infligeront, à grand renfort d'atomiseur, les senteurs à la mode. Si votre sinus citadin est sensible, vous êtes menacé de mort et «Mourir est un manque de savoir-vivre» (Sacha Guitry). Si vous avez réussi à subsister, vous êtes sûrement atteint de rhinite chronique. Courez chez l'oto-rhino. À bien y penser, non, n'y allez pas! Évaluez plutôt votre chance; elle est grande.

L'odorat est le sens qui a le plus de mémoire. C'est aussi l'un des plus grands laissés-pour-compte dans nos sociétés qui devraient entamer une gigantesque entreprise de désodorisation qui conduirait au silence olfactif de notre environnement actuel.

Puisqu'un homme averti en vaut deux, que peut bien valoir une femme prévenue de ce danger? Autrefois, le parfum était un produit de grand luxe et qui dit luxe pense faste, somptuosité, plaisir coûteux. Or, aujourd'hui, on sabre tous les budgets, on s'engouffre dans le chômage, on mange menu, mais on sauve la face (tout en perdant le pif) en flairant le parfum à tout prix. Le flacon est omniprésent dans le sac, la pochette du soir, le tiroir du bureau, ou bien en évidence dans la salle de bains. Signe extérieur de richesse oblige!

Comprenez que les essences les plus rares, si elles ne conviennent pas aux peaux qui s'en imprègnent, dégénèrent en miasmes. C'est ce dont je viens me plaindre. Découvrir son parfum est devenu une responsabilité sociale. Entrer dans un ascenseur qui vient de vomir une douzaine de personnes outrageusement parfumées de différentes mixtures a de quoi rendre malade. Ce cocktail est plus menaçant encore pour la santé que celui de Molotov. Alors, si vous me voyez apparaître dans vos couloirs ou au rez-de-chaussée des grandes surfaces en tenue d'homme-grenouille ou, en l'occurrence, de femme-grenouille, ne concluez pas que ma lointaine aïeule a fauté avec un quelconque amphibien. Constatez plutôt que je lutte simplement pour ma survie. De l'air! De l'air! Oui, encore de l'air!

Autrefois, les parfums portaient des noms qui étaient en harmonie avec l'usage qu'on en faisait, comme objet de séduction: *Nuit de Paris, L'Heure Bleue, L'Air du Temps, Arpège, Chant d'arômes, Vol de Nuit* (celui de Saint-Exupéry en 1931 a fait naître celui de Guerlain en 1933). Des mots à faire rêver. En ce siècle formidablement violent on veut s'assurer du muscle en s'imbibant de musc qui s'appelle *Poison, Obsession, Drakkar, Tribu, Opium, Égoïste.* Arrêtons d'anesthésier la masse populaire déjà saturée.

L'odorat est un sens extrêmement subtil qui réveille souvent des souvenirs enfouis, des sensations perdues. Enfant, j'accompagnais parfois ma pieuse mère à l'église. Pour meubler le temps qui me paraissait long et pour ignorer un lieu que je trouvais peu rassurant, je reniflais les effluves subtils qui s'échappaient de ses gants. *Paris* de Coty et l'odeur des cierges et d'encens me procuraient une extase différente de celle que ma mère éprouvait dans ses prières. Un parfum doit laisser un souvenir, pas une obsession.

Je vous exhorte à faire la différence entre l'eau et le parfum de toilette, et le parfum tout court. Ayez de la considération pour vos collègues peut-être allergiques au *Shalimar* et qui souhaiteraient le neutraliser à l'eau du samovar.

Savoir trouver les petits endroits secrets de son corps propices à la meilleure exhalaison est un art. Un art plein de tact. Le
corps tout entier ne s'y prête pas; ni toutes les peaux. Le dosage
et le moment de la journée sont des composantes essentielles
dans l'usage du *sent-bon*. Ce n'est pas parce qu'on s'habitue à sa
propre odeur qu'on fleure le néant. N'y allez donc pas à grands
coups de vaporisateur. Apprivoisez votre entourage avec douceur
en lui offrant les senteurs fraîches d'une eau parfumée appliquée
au sortir de la douche et non pas avant une réunion à 17 heures,
après une journée de labeur et de sueur. Ne l'imposez pas non
plus à vos vêtements, surtout ceux de polyester. En plus de virer
au plus mal, votre parfum laissera des auréoles et s'entêtera à ne
pas s'évanouir. Vos perles ne doivent jamais subir ce courroux si
vous désirez leur conserver tout leur éclat.

Les endroits où appliquer le parfum sont discrets. Ils se
situent parfois là où la peau est la plus fine: l'intérieur des coudes,
derrière les genoux, sur la nuque, derrière l'oreille, sur les reins.
Les hommes distingués vaporisent leur eau de toilette sur la
toison de leur poitrine ou à la naissance des épaules; l'effet est
doux et durable et moins agressif que sur le visage. Si le parfum
est appliqué ou vaporisé sur la face intérieure des poignets, il faut
éviter de les frictionner l'un contre l'autre. Cette substance
précieuse doit respirer et non pas être écrasée.

Si la fine lingerie est de fibres naturelles, un nuage léger d'eau
ou de parfum de toilette procurera à celle qui la porte un divin
plaisir. Pour la subtile voluptueuse, quelques gouttes vaporisées
sur l'ourlet de la jupe valent aujourd'hui mieux qu'un mouchoir
abandonné derrière soi.

Les personnes qui mangent souvent de l'oignon, de l'écha-
lote et de l'ail et celles qui font une consommation régulière de
vitamines *B* devraient s'abstenir de parfum, ce mariage n'étant
absolument pas réussi. Même l'angoisse dénature le parfum.

Il est indélicat de se présenter à un repas, intime ou officiel,
enveloppé d'un parfum tenace et virulent. La table en elle-même
est un endroit privilégié de générosité où se rencontrent les
senteurs des fleurs fraîches qui composent le centre de table, le
bouquet des vins, le fumet des viandes, les arômes raffinés des

légumes, le caractère puissant de certains fromages, la présence naturelle des fruits et la fragrance irrésistible et réconfortante du café. *Opium* et *Poison*, haro!

Le métro, qui se laisse parfois deviner au hasard d'une bouche d'aération, impose ses émanations dès la première marche d'escalier. Goût indescriptible, puissant et amer que viennent brouiller le matin les lotions après-rasage, parfums et autres déodorants des milliers de voyageurs qui s'y agglutinent et repartent le soir dans les vapeurs de sueur, de fatigue et de journée achevée. La ville sent les autres, les foules et les heures de la journée, et ces fades effluves envahissent nos narines épuisées.

La couche d'ozone et notre liberté sont toutes deux agressivement menacées par tous ces produits si hautement civilisés que sont les shampooings, les lotions, les laques à cheveux, les désodorisants, les cosmétiques, les savons, les crèmes à raser, les détergents, les savons à vaisselle… qui imposent leurs relents à notre misérable environnement. Une étude américaine récente nous apprend que le parfum est devenu si véhément qu'il est à l'origine de maux de tête tenaces, d'allergies diverses, de nausées fréquentes et de crises d'asthme soudaines. Bien sûr! puisqu'il nous poursuit jusque dans les rouleaux de papier hygiénique, dans les sacs à ordures, et que depuis quelques années, la publicité nous l'inflige même dans nos magazines préférés. Que vous aimiez ou pas le *Vice des Temps modernes,* vous devrez le subir tout au long de la lecture de votre revue hebdomadaire ou mensuelle, car il s'est infiltré perfidement dans une bande de papier dont elle est abondamment imbibée. Ce n'est pas abusif, pensez-vous? Même notre liberté de respirer chez nous est menacée. Si ça ne s'appelle pas du harcèlement...

Amazoniens à plateau, Papous au nez busqué! vous qui respirez les parfums vrais de vos forêts, réapprenez-nous ce bonheur-là!

RESPONSABILITÉS DU FUMEUR

Un vrai tabac

Au XVIe siècle, le seigneur de Villemain, mieux connu sous le nom de Nicot, a fait, à son insu, le tabac de l'époque jusqu'à la nôtre. Ce gentilhomme de France, érudit et fin diplomate de son temps, est à l'origine de nos plaisirs, d'abord et de nos maux, ensuite.

Le tabac se prise encore (à quel prix!) et se fume au grand dam des non-fumeurs qui n'en retirent que les désavantages. On remarquera à quel point l'étiquette s'est détendue depuis quelques siècles car, à l'époque où on comptait les seigneurs et sur eux, le tabac était une affaire d'hommes (jusqu'à George Sand) qui avait cours dans une pièce toute désignée de la maison ou du théâtre: le fumoir. Les hommes s'y retiraient, en général le soir après un repas mondain ou une comédie, afin de discuter tout en savourant liqueurs, eaux-de-vie et tabac. La politesse des grands siècles.

Aujourd'hui, tous les continents y sont initiés et le tabac, omniprésent depuis le réveil jusqu'au coucher, est devenu, pour les jeunes qui en apprennent le rituel parfois dès 10 ans, aussi vital que le pain quotidien. Il sert d'apanage, d'attribut viril ou de marque d'adultisme, d'encouragement au travail, de complément à la digestion, de soutien à l'effort et surtout devient le plus entêté des états de dépendance qui soient.

Qui n'a pas pris la résolution, à la veille de la nouvelle année, de cesser de fumer; qui n'a pas décidé, à plusieurs reprises, de

lâcher la cigarette le lundi matin; qui n'a pas pensé à l'hypno-
tiseur, à l'acupuncteur, aux divers psys pour se débarrasser de
cette envahissante manie?

Les véritables victimes sont autant les pollueurs que les
pollués et ces derniers méritent une auréole sans doute bien
encombrante car, des premiers, ils subissent l'empoisonnement
à petites et grandes doses de même que l'odeur âcre et tenace
et, par conséquent, ils héritent de maladies cruelles et souvent
intraitables.

Qui n'a pas pensé se vêtir d'une panoplie de plongée pour se
présenter au travail, quelle mère n'a pas désiré recouvrir le landau
de son bébé d'un drap protecteur, quel usager des transports
aériens, maritimes et routiers n'a pas rêvé d'une cabine-isoloir
pour s'abriter de l'impérative fumée de tabac?

À table, le fumeur, à moins d'obtenir l'assentiment de tout
le monde présent, ne pourra fumer qu'au dessert et au café.
Aux réunions d'affaires, on tend à interdire de plus en plus la
cigarette. Il est impensable de fumer dans un milieu hospitalier,
les pharmacies et les supermarchés. Merci à toutes ces institutions d'en afficher la prohibition. J'ajouterai que l'intimité
de la chambre à coucher ne devrait pas être transformée en
fumerie. Est-il vraiment nécessaire de dire qu'il est impensable
d'entrer dans un ascenseur avec sa cigarette? Pourtant oui,
puisque certains se le permettent.

Aux grandes réceptions, le fumeur qui s'entête à vouloir
satisfaire ses habitudes et qui, en plus, a l'ambition de tenir à la
main un verre, une serviette de papier, un canapé de crevettes à
la mayonnaise avec l'intention ferme de serrer des mains au
passage, celui-là s'il envisage un entraînement de jongleur dans
un cirque devrait plutôt opter pour la lecture assidue d'un manuel d'étiquette. À tout le moins, qu'il soit exhorté de ne pas
regarder le plafond tout en secouant ses cendres (j'entends,
celles de sa cigarette) sur le tapis du salon, dans les plantes
ornementales qui ne demandent qu'à boire, dans la flûte à
champagne du voisin abîmé dans une sérieuse discussion ou
encore dans l'urne à parapluies.

Que les hôtes bien intentionnés ne prévoient plus de cendriers ni de cigarettes parmi les accessoires de table. Toutefois, les messieurs non fumeurs attentionnés n'oublieront pas de porter sur eux un briquet pour venir au-devant des dames fumeuses.

En visite dans une maison dont on ne connaît pas les habitudes, on n'imposera ni cigarettes, ni cigares, ni pipe sans en avoir au préalable obtenu la permission. Les personnes qui désirent conserver leur habitation libre d'odeurs indésirables ne doivent pas accepter d'être sanctionnées. Pourquoi devraient-elles être victimes chez elles de visiteurs assujettis à leur aliénation?

Puisque le civisme est constitué d'une foule de petites choses, les mégots ne se substitueront pas aux cailloux du Petit Poucet. Parsemés ici et là sur les plages, ils ont souvent brûlé les pieds d'enfants qui s'y amusaient.

Quelle honte de la part des gens sans scrupule de vider le cendrier de leur voiture près du trottoir. Il faut légiférer contre eux!

Que penser du fumeur invétéré qui tire encore et encore sur son mégot comme s'il était le dernier avant la pendaison, alors qu'il entre dans son immeuble, qui, une fois les portes d'entrée passées, le jettera par terre, dans le hall d'entrée ou dans l'escalier, pour l'écraser ensuite sous un pied pivotant et sans merci, laissant des stigmates noirs sur son passage?

Ceux-là ne mériteraient pas mieux que d'être passés à tabac.

L'*HOMO SAPIENS* À LA PLAGE

La concordance des temps

«Le monde entier est une scène de théâtre, *dixit* Shakespeare, où nous jouons, chacun notre tour, plusieurs personnages.» Nos rôles sont classifiés en sept différentes étapes. Si le monde est vraiment une scène, la saison estivale sera représentée par une plage. Derrière nos lunettes de soleil, observons les sept âges de l'*Homo Erectus* et de l'*Homo Sapiens* devant le grand astre.

Prenons pour exemple vous et votre famille. Ce qui est intéressant au sujet des vacances, puisqu'elles n'arrivent qu'une fois l'an, c'est que la vision qu'on a de chacun est sans cesse renouvelée. On remarque d'année en année le changement brutalement opéré en chacun qui les transfère immédiatement de catégories, tout simplement parce que rien, mais absolument rien, ne stéréotype et ne catégorise mieux que le cruel et féroce projecteur de la plage...

LE PETIT ENFANT

Shakespeare a parlé des braillements et des vomissements des jeunes enfants sur la plage, mais il a oublié de discourir sur leur façon impressionnante de manger du sable, de suçoter des galets, de déchirer des chapeaux de paille et de ramper jusqu'à la mer en un temps record. Les bébés-plage font tout cela avec une dextérité accomplie. Leurs accessoires consistent en un chapeau blanc protecteur qu'ils s'empressent de retirer pour le mâcher; un deuxième bonnet bien vissé sur la tête pour achever de les leurrer; une couche épaisse d'écran solaire; un demi-quintal de bagages contenant de la nourriture en petits pots, des breuvages et des couches, le seau et la pelle.

La pelle servira à taper sur papa, et le chérubin remplira son seau de cailloux, un par un, en scandant chacun de ses gestes par le babil *a-you, a-you, a-you* (comprenez: caillou), interminable comme un mantra. Ce manège sera répété inlassablement et il n'est que 10 h 30 le matin.

Ni les voisins ni les parents ne semblent préoccupés ni par le bruit de cette mélopée ni par les dangers encourus.

L'ENFANT

À cet âge, on travaille en équipe. Il n'y a rien de tel qu'une populeuse plage de vacances pour rencontrer d'autres enfants. Il n'y a rien de meilleur pour ces enfants que de piétiner des châteaux de sable qu'ils ont mis des heures à construire, d'entamer des combats de seaux et de pelles, de se barbouiller de boue et d'élaborer des plans plus pacifiques de digues, de ponts et de barrages.

L'ambition première de chaque enfant est de canaliser une masse importante d'eau de mer jusque sous un père assoupi. Si ce projet ne réussit pas, un bon gag est d'enterrer le père jusqu'au cou sous une montagne de sable copieusement arrosée d'eau de mer transportée dans des seaux.

Un autre accessoire vital à cet âge est le ballon de plage. Six ballons de plage, vraiment, puisque les cinq premiers iront flotter au large après avoir dérangé nageurs et plagistes. La seule raison qui évitera au sixième le même sort, c'est que son propriétaire se sera lassé de regarder son père le gonfler. Il aura préféré creuser un trou pour y loger cet oreiller gonflable improvisé et l'offrir à son papa.

L'ADOLESCENT

Shakespeare l'a identifié comme étant cet amoureux soupirant après le sexe opposé. L'adolescent moderne de toutes nationalités est caractérisé par des soupirs désolés sur ses muscles aplatis, ses boutons, ses pellicules, le style de son maillot de bain

et ses échecs avec les filles. L'adolescente s'inquiète de ses grosses cuisses, ses boutons, ses pellicules, le style de son maillot de bain et ses échecs avec les garçons. Cet ordre du jour classique est fidèlement suivi sur les plages, même par des adolescents d'une étonnante beauté et qui sont souvent équipés de baluchons remplis de cosmétiques dont ils n'ont pas besoin.

Cependant, cette phase empiète sur celle plus active du «soldat» de Shakespeare, parce que, de temps en temps (proba-blement dû à la marée ou aux mouvements de la Lune), les languides créatures s'emballent soudainement et font de la planche à voile, du *body-surfing* dans les zones réservées aux plaisanciers et aux bateaux hors bord; ce sont les mêmes qui, sans scrupule, jouent au football sans se soucier de ceux qui sont étendus sur le sable à idolâtrer le soleil et qui ne savent pas se défendre mieux qu'en lançant des jurons pas toujours folkloriques.

LES SUPERBES

Quelle joie de n'être plus ni sans le sou ni adolescent boutonneux, mais d'être dans le meilleur de sa forme pour pratiquer le *body-surf*, la planche à voile, le ski nautique ou la plongée sous-marine sans avoir la charge d'un enfant. Les jeunes gens qui ne sont pas encore des parents vivent là une partie de leur existence extrêmement éphémère: ils ne sont pas encore envahis par les nombreux anoraks, les couches, les biberons et l'attirail qu'ils supposent. Ils n'ont, comme bagage, rien d'autre qu'un fragment de maillot de bain portant la griffe d'un grand couturier, un portefeuille, un chapeau de paille et un sourire indifférent. Cette catégorie de gens a le génie de savoir disparaître et de trouver une plage isolée loin, bien loin des marchands de crème glacée, pour se rapprocher d'un bar ou de leur lit d'hôtel.

Depuis quelques années pourtant, on s'efforce de moins en moins à abriter ses jeux amoureux et on tend de plus en plus à s'ébattre sur la plage sans se soucier de la pudeur des autres.

LES PARENTS HARCELÉS

Ces exécutants sont des virtuoses dans l'art de transporter des bagages et imbattables dans la façon de jongler avec les anoraks, le parasol, la demi-douzaine de chapeaux de plage, le bateau pneumatique, l'appareil photo, l'appareil vidéo, le pique-nique, le dernier best-seller et probablement l'ouvrage d'un pédagogue averti traitant de la manière de ne pas brimer les enfants en vacances. Cette catégorie de gens est reconnaissable à leurs yeux pivotant en permanence, façon caméléon, car ils sont toujours à l'affût d'un danger, physique ou moral, menaçant leur progéniture. S'il vous arrive de rencontrer de tels individus en charge de famille nombreuse, vous les verrez sans doute en train de construire un château de sable avec une seule main, faire signe de l'autre main à leur nubile jeune fille pour lui signifier de s'éloigner d'un gang de motards nickelés, et simultanément, donner un coup de pied à un cabot badaud qui manifeste son envie de lever la patte sur le panier à pique-nique.

Une autre façon de reconnaître ce spécimen naturel est son nez pelé. Ayant pris soin d'appliquer de généreuses couches d'écran solaire sur cinq autres nez, incluant celui de grand-mère, le parent harcelé en a oublié le sien.

Par pitié, ayez de la considération pour eux et leurs enfants. Offrez votre aide pour surveiller le bambin pendant qu'un parent tente de sauver l'intrépide qui s'est aventuré en mer, pour amuser la marmaille afin que les parents puissent eux aussi nager, pour transporter tous les effets à la voiture et pour empêcher la smala de se disperser dans tous les sens. Merci pour eux!

MÛRS ET SEREINS

Ces personnes sont aussi connues sous le nom de vieux bourgeois nantis ou *woopi*. Les enfants étant maintenant casés et les hypothèques payées, la liberté s'étale devant eux. Certains peuvent s'évanouir sous une ombrelle pour un laps de temps avec un livre de la Pléiade sur le ventre et un thermos de café tout près. D'autres peuvent s'épanouir dans un élan de jeunesse aventureuse et, tête première, périscope en avant, s'aventurer près des récifs, nager puis dormir à la belle étoile.

Une dame ô combien alerte, dans la bonne soixantaine, s'est offert des croisières époustouflantes dans les îles grecques. Elle traversait à la nage le canal d'Ithaque pour se remettre d'un accident... fâcheux. Une autre option, après des années de vie bien rangée et dont les enfants n'ont pas eu à rougir, est de se vêtir d'un élégant tuxedo ou d'une robe très courte pour faire une entrée fracassante, malgré les cascades de rides et de rires, dans un casino manière James Bond. Histoire de réaliser ses rêves d'enfant et ses fantasmes de jeune fille.

Un peu de retenue et de bon goût, messieurs-dames.

LES CITOYENS TRÈS *SENIOR*

Dans le comté anglais de Suffolk (décidément, Shakespeare est toujours là) et partout au Danemark, les dames de 85 ans font de la bicyclette tout en promenant leur toutou tenu en laisse et nagent dans la mer souvent glaciale huit mois par an. L'avantage de vieillir est qu'il devient de plus en plus impossible d'être embarrassé par quoi que soit en dehors de l'arthrite et de quelques bricoles dues à la maturité... des os et des artères. Les personnes âgées peuvent porter un protège-nez de plastique qui les font ressembler à des vautours, manger de la crème glacée après avoir retiré leurs prothèses dentaires, porter un antique chapeau de paille rongé par les rats, lancer des remarques hardies aux maîtres-nageurs et aux garçons de plage et retrousser leur jupe dans leur culotte pour mieux pédaler, sans être gênées le moins du monde.

L'inconvénient est que si elles sont assez téméraires pour s'étendre à plat ventre sur la plage, elles peuvent avoir des problèmes pour se relever ensuite. La bonne vieille chaise pliante sera un accessoire élémentaire et primordial du citoyen *senior*. (Adolescents qui passez, faites un bon geste et dépliez-la pour lui.) À ne pas oublier: le thermos rempli de café ou de thé bien chaud et un ravitaillement de sanglants romans d'Agatha Christie.

La vision de ce dernier stade ne paraît-elle pas assez plaisante? Un peu comme redevenir bébé, tout en ne se gavant pas de sable.

MUSÉE – VERNISSAGE – CULTURE

L'art et la manière

Selon un des frères Goncourt, «ce qui entend le plus de bêtises dans le monde est peut-être un tableau dans un musée».

N'est-il pas irritant d'entendre haut et fort des appréciations souvent dépourvues de sens provenant de personnes qui, voulant à tout prix faire bénéficier la galerie de leur pseudo-culture, étalent plutôt leur ignorance et leur manque de goût tout court?

Un musée est un lieu pieux où l'on va pour se recueillir devant la beauté, l'imagination, l'esprit (parfois les trois ensemble) et s'en inspirer.

Certains y vont pour raffiner leur culture et font appel à un guide, ce qui est tout à fait recommandé. D'autres préférant leur indépendance, beaucoup de musées mettent à la disposition du public, moyennant quelques billets, des baladeurs avec cassettes intégrées commentant les œuvres exposées, ce qui donne un caractère d'intimité à la tournée des salles ou des galeries.

Le snob aussi est exécrable. Presque autant que le béotien. Ils sont d'ailleurs apparentés. Les deux reprennent souvent de travers des propos lus ou entendus pour afficher une prétendue culture. L'effet en est ridicule, sinon désastreux, et les visiteurs silencieux préféreraient s'en passer.

Comme dans une chapelle, le musée commande le recueillement non seulement pour favoriser l'admiration, mais aussi la concentration et la pensée.

Même si on se pâme devant une œuvre, il faudra penser à s'en remettre et à ne pas bloquer la vue à d'autres esthètes qui attendent leur tour pour entrer en frénésie. Circulez, s'il vous plaît, il y a autre chose à voir, aurait pu dire Coluche.

Si on est myope, on apportera ses lentilles ou ses lunettes afin d'apprécier d'une certaine distance. Tous les musées du monde donnent la consigne à leurs gardiens de ne pas autoriser qu'on lorgne de trop près les toiles et plusieurs d'entre eux ont des dispositifs de sécurité qui ne permettent pas un écart de moins de 30 centimètres. L'expérience que j'ai vécue à Prague m'en a laissé un souvenir et un enseignement indélébiles. Dans une des plus belles galeries de la ville, j'ai voulu admirer de près une magnifique huile de Picasso des années trente. Pour mon plus grand malheur de myope, une de mes lentilles était cassée et mon envie gloutonne de tout saisir m'a fait instinctivement beaucoup m'approcher. Mes cheveux se sont soudain hérissés, et j'ai eu la surprise d'entendre une stridente sirène qui a fait surgir, comme des pépins dans une pastèque, une dizaine d'hommes, l'arme au poing. Pour fermer la parenthèse de l'anecdote, je dirai que le lendemain, mes yeux étaient devant leurs carreaux *made in Czechoslovakia*, centre européen important de l'optique. Une autre information de taille acquise grâce à Picasso.

Les gardiens ne sont pas à leur poste pour donner de l'information culturelle. Les guides, les présentations audiovisuelles et les catalogues sont à la disposition du public pour les renseigner. En Europe, les guides de musée ont l'habitude de se voir remettre un pourboire.

Il est inconvenant de faire subir une visite de musée à des bébés ou à de très jeunes enfants, qui supportent mal ces grands tours culturels. Certains parents permettent à leur progéniture de s'amuser, de courir et d'explorer les lieux, c'est-à-dire de leur laisser à eux la liberté de goûter égoïstement à un céleste bonheur. Eh bien! non. Un musée n'est pas une garderie ni un parc d'amusement. Les jeunes enfants doivent être éveillés et initiés à toutes les formes de la culture, mais dans la mesure de leur capacité à se comporter en fonction des autres. Comme à l'église.

À un vernissage, on se rend sur invitation et on respecte les heures inscrites sur le carton. On veillera à ne pas obliger les organisateurs à rester au-delà du temps annoncé. On se vêtira comme pour un cocktail et on présentera ses compliments à l'artiste et ses salutations au directeur de la galerie. Cette atmosphère de fête est peu propice aux longues tirades sur l'esthétique ou les techniques de l'art.

Les fumeurs ne prendront pas un air absent en secouant leurs cendres sur les tapis ou dans les plantes en pots.

À table, on évitera d'étaler sa culture en parlant tout au long du repas une langue que tout le monde ne comprend pas, en citant les grands auteurs et en exprimant des opinions dogmatiques.

«La politesse, c'est la tolérance universelle.»

L'HUMOUR ET LA POLITESSE

Rira bien...

Un des amuseurs les plus fins de ce siècle, Raymond Devos, ce seigneur de l'humour, clame que le rire, surtout dans la période tragique dans laquelle nous vivons, est utile, voire indispensable. À la condition, toutefois, qu'il soit un bon rire.

Pour ce faire, il faut traiter de thèmes qui préoccupent les gens et les aborder de façon à les alléger. Toujours selon lui, la force du rire est de faire face et d'aider à dominer les drames. Il affirme aussi qu'on ne peut pas rire de tout. Dans une époque qui perd ses valeurs, il ne faut pas tirer sur les ambulances. À rire de tout, on atteint très vite la vulgarité. On a le droit d'attaquer les puissants, jamais les faibles... Le jour où l'on pourra faire rire du racisme, on aura désamorcé la bombe.

Dans cet ordre d'idées, il apparaît difficile de comprendre comment des personnes supposées drôles deviennent des étoiles montantes au firmament du spectacle tout simplement parce qu'elles se moquent bassement de personnes handicapées. Il est invraisemblable que ces humoristes de bas étage, totalement dépourvus de discernement et de bon goût, soient portés aux nues par un public gourmand d'aberrations.

Quand on demande à ces grossiers railleurs s'ils ne se sentent pas freinés par une élémentaire décence à manifester aux personnes handicapées la compassion qu'ils seraient en mesure d'apprécier, ils répondent que leurs propos les font rire. En sont-ils sûrs? Et l'handicapé mental est-il apte à savoir toujours de quoi il rit?

Le plus troublant, c'est que ces «personnes d'esprit» ne semblent pas comprendre qu'elles visent indirectement les parents de ces êtres défavorisés, qui ressentent immanquablement une cruelle douleur aux insinuations perfides dirigées vers eux. Et que penser de ces auteurs qui ont recours à la scatologie pour provoquer le rire? Comment une société peut-elle être friande de tels spectacles? Comment peut-on avoir le cran de porter au rang de vedettes de si pervers individus? Il faudrait accueillir cet humour non pas par des rires mais par des huées. Avis à notre société qui va bien mal pour ne pas dénoncer un tel manque de civilité!

«L'homme est le seul animal qui pleure et qui rit.» (Voltaire) Comme les larmes, le rire a ses raisons et ses expressions et est riche en significations sociales. D'où son intérêt et parfois ses dangers. Il y a des rires sympathiques, charmants et contagieux. Jean Cocteau disait que la faculté de rire aux éclats est preuve d'une âme excellente. Il y a aussi des rires hostiles, grinçants, gaulois, moqueurs, dédaigneux, arrogants ou ironiques. Le pouffement, le gloussement ou le ricanement ne devront éclater que dans la plus stricte intimité car en public ils provoquent plus de gêne que de plaisir. Si le rire est railleur, il est accablant. S'il est tourné vers soi, il peut être apprécié mais à faibles doses.

Au spectacle, tous les rires sont permis, à condition de savoir les réprimer pour permettre de suivre son déroulement. Molière stipulait que c'était une étrange entreprise que celle de faire rire les honnêtes gens. Face à l'imagination, au talent et au travail des comédiens, montrez votre reconnaissance par le rire.

Au travail, le rire exagéré, gaillard, répétitif et utilisé à toutes les sauces peut devenir lassant. Il ne devrait être appliqué que pour parer à des situations ambiguës ou comme un mode de communication. On tentera de ne pas s'en servir pour masquer sa timidité ou sa nervosité, ce qui les rend immédiatement repérables.

Le rire extravagant, qui sonne faux, tombe vite dans la vulgarité et la grossièreté.

L'humour est indispensable, à condition d'être traité avec beaucoup de précautions. L'humour charmant est un cadeau pour celui qui le tient comme pour celui qui le reçoit. Il attire. Il est toujours un élément important à considérer pour réussir une réception ou un dîner. L'important est d'éviter de vexer ou de faire de la peine. En humour, il faut mesurer les risques. Ils peuvent être considérables. Dans le rire, il faut laisser entrer la politesse du cœur.

On le sait: il n'y a pas meilleure thérapie que le rire. Il soulage de la douleur, ajoute du tonus à l'organisme, diminue le stress et donne le courage de faire face au tragique de la vie. Nous parlons ici du rire sain, de l'humour vrai dont Freud disait qu'il a non seulement quelque chose de libérateur, mais encore quelque chose de sublime et d'élevé. Quoi de meilleur, par journée morne, que d'aller se requinquer en voyant un film désopilant, une pièce amusante ou un spectacle comique?

Ne sous-estimez pas l'importance de l'humour. En affaires comme ailleurs, il peut être d'un recours essentiel dans des situations épineuses et gênantes. Si vous pouvez rire de vous après avoir commis une erreur, votre entourage rira avec vous, pas de vous. Le rire, c'est le bouton déclencheur de la relaxation, de la communication. Le rire encourage l'intimité dans l'amour. C'est un formidable élément de rapprochement entre deux personnes et un indéniable facteur de séduction. Le sourire est un atout maître dans le jeu de l'attirance. L'amour et l'humour font une riche paire. Un ciment idéal pour faire durer le bonheur.

Devant la catastrophe, accrochez-vous à l'humour. Si les blinis au caviar raffiné que vous vouliez servir à vos invités sont ratés et impossibles à rattraper, une gentille blague vous aidera à les présenter et à sauver, sinon votre réputation de cuisinier chevronné, du moins la face. Surtout, n'essayez pas de cacher la vérité devant un rôti carbonisé ou en découvrant que vos portions manquent de générosité. Faites une sortie éclatante en déclarant que votre intention était de garder à zéro le cholestérol de vos invités.

Attention! si le sexe est souvent un sujet qui peut générer le rire, le dosage en est capital. Il doit être utilisé avec mesure et seulement avec un entourage intime. On l'évitera toujours en affaires, à un dîner officiel, et évidemment au goûter qui suit les funérailles.

Le rire est le meilleur catalyseur d'énergie et d'optimisme. Des injections d'humour au bon moment dans une conversation mourante peuvent vous apprendre à sortir de votre timidité, à gagner une soudaine popularité ou à faire preuve d'héroïsme. Ajustez-vous au climat ambiant avant de risquer un trait d'esprit. Plus vous vous plierez à cet entraînement, plus votre assurance se développera. Beaucoup de gens sont littéralement terrorisés en public. C'est en s'initiant à un goutte-à-goutte d'humour qu'ils finiront par se tailler une place de choix dans la société qui a besoin d'eux. Après un certain temps, l'esprit et le charme seront perçus par une plus large audience et il n'y a rien de tel que de savoir son style apprécié.

Le rire est l'antidépresseur le plus agréable du monde. Son effet est rapide et il ne cause pas d'effets secondaires négatifs. Les scientifiques s'accordent pour affirmer qu'il peut débarrasser d'un mal de tête ou de dos. À une réception, si vous sentez que l'ambiance est au point mort ou si l'atmosphère est devenue hostile après que quelqu'un se soit permis une remarque d'un goût douteux, faites un mot d'esprit pour revigorer tout le salon. Aux yeux de vos hôtes tendus, vous ferez figure de héros et vous aurez gagné la faveur de tous. C'est garanti! On vous recherchera car vous aurez agi en guérisseur.

Comme tout dans la vie, plus souvent vous raconterez une bonne blague, et plus elle sera à point. Un bon humoriste raconte une bonne histoire souvent, mais jamais devant les mêmes personnes.

Il y a plusieurs formes d'humour, certaines plus gracieuses que d'autres. Elles vont du trait d'esprit subtil à l'ironie, du cynisme à la taquinerie, du sarcasme à la plaisanterie, en passant par la blague, l'espièglerie, la repartie et les histoires drôles. L'humour est la clef d'un bon discours, d'une présentation réussie ou d'une lettre savoureuse. Il est tout aussi important dans la conversation, qu'elle soit professionnelle, mondaine ou familiale.

La taquinerie doit toujours être dirigée vers une personne manifestement confiante en elle et que vous connaissez bien. Ne vous attaquez jamais, entendez-vous, jamais à ceux dont les imperfections sont visibles (bègues, strabiques, sourds, obèses. Ils sont des victimes fragiles.

Vous marchez sur un champ de mines si vous taquinez en public votre conjoint(e), vos enfants ou vos amis. Soyez doublement vigilant si la taquinerie vous chatouille le bout de la langue. Vous ne pouvez jamais savoir s'ils sont d'humeur à accepter vos remarques, même plaisantes. N'inspirez pas à votre famille un amusement indulgent.

On se souvient que le président Kennedy était maître en matière de taquinerie. Il avait le talent de savoir d'instinct qui pouvait en être la cible et qui était incapable de la subir. Il était virtuose dans l'art de désarmer ses correspondants ou les médias irascibles, grâce à son humour. Ses conférences de presse sont devenues célèbres par ses reparties spirituelles aux questions pointues de journalistes féroces. À la fin des entretiens, il n'hésitait pas à rire de lui-même. La plupart du temps, le correspondant dépité ne le mitraillait plus.

Lorsque quelqu'un se moque de lui-même, n'en profitez pas pour abonder dans ce sens. Soyez son public. «On rit mal des autres quand on ne sait pas d'abord rire de soi-même.» (Léautaud)

Si vous désirez tenir votre public en haleine en racontant des histoires, apprenez ces sept commandements:

1. Assurez-vous que votre matériel ne date pas. On vous reprocherait de raconter des blagues usées;

2. Avant de raconter, mémorisez les traits chronologiques de l'histoire afin d'éviter, à mi-chemin, de recommencer. Vous obtiendriez l'effet du pétard mouillé;

3. Soyez certain que votre histoire n'offensera personne. Évitez les farces d'ordre ethnique ou religieux;

4. Les histoires généreuses ou salées seront réservées exclusivement à des amis intimes;

5. Le moment propice est tout simplement capital. Prenez le pouls de votre entourage avant de vous lancer. Si quelqu'un

est en conversation sérieuse, n'interrompez pas pour demander tout de go: Quelle est la différence entre un poulet? En revanche, si l'ambiance s'épaissit ou s'évanouit, allez-y, n'hésitez pas à mettre tout le monde en état de lévitation;

6. Si vous appartenez à cette catégorie de gens qui sont incapables du moindre mot d'esprit, ne paniquez pas. Il n'y a rien de tel qu'un bon public comme vous qui savez écouter et applaudir l'humour. Vous êtes essentiel pour la société et le succès des autres. Choisissez de rire comme une baleine, dans votre barbe, sous cape ou aux anges. Jamais jaune;

7. Enfin, il y a aussi l'humour courageux comme le démontre cette phrase du président Reagan au personnel hospitalier chargé de le sauver après qu'on ait attenté à sa vie: «J'espère que vous êtes tous des Républicains!» Cet humour-là appartient aux glorieux.

Au cas où vous n'arriveriez pas à faire rire, il y a mieux: faites sourire ou souriez vous-même. C'est une proposition de paix. En outre, cette expression de joie subtile ne fait pas de bruit, ne choque pas les oreilles sensibles, rassure la personne qui la reçoit et enveloppe parfois votre personne de mystère (Mona Lisa, salut!) Veillez à ce que ce sourire ne soit pas crispé, ni arrogant, ni trop pieux. Souriez et la vie vous sourira.

À l'invité d'honneur, qui a la responsabilité à table de remercier les hôtes par le biais d'un toast, je propose ce petit laïus, à l'approche du dessert:

«Madame, au nom de tous les invités réunis autour de vous ce soir, je viens vous dire la reconnaissance qui m'anime d'avoir eu le privilège de partager l'élégance, l'amitié, la beauté et la finesse de cette soirée. Un mot tout simple me vient à l'esprit: c'était formidable!»

En prononçant ce mot, je ne résiste pas à l'appel de l'histoire de ce Français dont le nom était Pierre Formidable. Il était très gêné par l'inconfort que lui procurait son nom, surtout au moment des présentations, et souffrait à l'idée de traverser toute une vie ainsi nommé. Un jour, il s'est épanché de ce problème à sa femme et lui a dit: «Chérie! promets-moi que lorsque je mourrai tu n'inscriras pas mon nom sur ma tombe.» Elle a juré.

Quelques années plus tard, il a trépassé et on peut lire sur sa pierre tombale: «Ci-gît un homme qui n'a jamais été infidèle à sa femme.» Tous les passants ont le même commentaire sur les lèvres: «C'est formidable!»

SAVOIR SUIVRE LA MODE

Oui! l'habit fait le moine (et rarement la nonne).

Au printemps monte la grande effervescence: les hommes frétillent, les femmes ont les yeux brillants, les fleurs s'ouvrent, la verdure couvre la terre et l'acné envahit les joues juvéniles.

Comme toujours, on trouve des grincheux pour s'étonner que l'humanité ait le cœur à pétiller alors que notre civilisation agonise et pour nous détourner des plaisirs printaniers sous le prétexte que tout va mal ici, qu'on s'entre-tue là et que les grands élaborent d'ineffables massacres. Oui, mais nous avons tous assez vécu pour savoir que le bonheur n'est un état permanent pour personne. Dans un pays où les problèmes sont normaux (il semblerait que nous vivions sur cette planète privilégiée), qui, au printemps, en regardant sa garde-robe ou en léchant les vitrines, ne s'est pas senti confronté à ces questions existentielles: «Que vais-je acheter, cette année?» «La mode m'ira-t-elle?» «Je n'ai plus rien à me mettre! Mon budget me permet-il les folies que me propose la mode?»

Je ne prétends pas être une experte en mode, mais on m'a prêté souvent la faculté d'avoir «du grand bon sens» à cet égard et si cela était vrai, je viens donner mon opinion, bien personnelle il est vrai.

L'art de se vêtir c'est savoir se connaître, savoir vivre en harmonie avec sa personnalité, son physique, son âge, la société, l'endroit, le moment et la situation. L'élégance n'est pas quelque chose que l'on endosse pour une soirée. C'est une vertu de tous les jours, applicable toute la journée, qui commence par une attitude positive et qui s'exprime à travers sa garde-robe. L'élégance c'est de savoir choisir des vêtements bien faits et de les accorder harmonieusement et originalement entre eux. En quoi consiste l'élégance de la fin du XXᵉ siècle? Les costumes et tailleurs sont magnifiquement fabriqués avec des lignes, des formes et des détails conformes à l'art et à la beauté. Enfin, l'élégance c'est tout simplement la belle aisance. Coco Chanel disait: «Le luxe doit être confortable sinon il n'existe pas.» Selon moi, l'élégance est un compromis entre la confiance que procure un joli vêtement et le plaisir de le posséder.

Chaque personne devrait avoir son propre style. Le risque à prendre en suivant la mode est d'oublier de s'habiller selon sa personnalité et de faire comme tout le monde. Comment savoir si la mode nous va ou pas? Elle doit permettre de rester soi-même et de ne pas se déguiser. C'est en faisant des essais devant le miroir, en se regardant d'un œil critique et en essayant de rester objectif qu'on peut se faire une idée de ce qui nous convient. Souvent, dans l'appréciation tacite des personnes qu'on rencontre dans la rue, on sait si ce qu'on porte est flatteur et seyant.

Tout le monde est d'accord pour admirer le goût des Italiens et leur sens de la mode, leur art savant de jouer avec les matières et les couleurs, de savoir choisir l'accessoire original, le bijou ravissant et la coiffure adéquate. Là où tout le monde se trompe, c'est en adoptant aveuglément tout ce que l'Italie peut inventer en matière de mode et on y va à grands coups d'achats coûteux, de griffes prestigieuses qui, finalement, ne conviennent pas tout à fait. À mon avis, on n'a pas inventé mieux qu'un Italien pour porter avec une nonchalance inimitable des vêtements italiens. Au risque de paraître puriste, je dis que les Nord-Américains doivent porter ce qui est créé chez eux et pour eux. Ce qui ne veut pas dire qu'il est défendu de craquer pour des chaussures élégantissimes italiennes. Je vois mal un typique Hollandais s'habiller à la mode de Rio. Les grandes Scandinaves athlétiques sont plus charmantes en lainages mœlleux qu'en drapé de soie. Quelqu'un a défini un jour l'élégance en disant: «C'est Greta Garbo en imperméable.» Personne ne pouvait le porter mieux qu'elle. Sa compatriote Ingrid Bergman, une autre Scandinave, était beaucoup plus belle et élégante dans un pantalon ou une jupe de flanelle que dans une robe de taffetas. Le petit tailleur Chanel ne convient pas à toutes les femmes, ni le costume Armani, aussi somptueux qu'il puisse être, à tous les hommes. Si l'habit fait le moine, la griffe ne fait pas nécessairement le chic. J'ai déjà entendu qu'une femme aimera mieux être accusée d'une méchanceté que d'une faute de goût dans sa toilette. Charmant!

Au travail, quel que soit le rang que vous occupez, habillez-vous avec discernement. Offrez une image agréable à regarder. Choisissez des vêtements aussi pratiques que jolis. Conjuguez confort et fantaisie. L'allure d'un cadre est très importante; elle engendre la première impression, la première réaction. Préférez la sobriété à l'excentricité, le classique costume gris ou marine rayé ou uni au très contemporain jean effiloché et troué. Ayez d'abord l'air soigné, propre et élégant. Votre apparence doit montrer qui vous êtes.

Le jeune cadre masculin aura tendance à imiter ce qu'il trouve dans les revues de mode. Des personnes spécialisées vous conseilleront sur les costumes à choisir pour vous. Ayez recours à des stylistes dans les grands magasins et les boutiques de bonne qualité. Si vous n'êtes pas sûrs, jeunes cadres, faites-vous accompagner d'une personne dont vous admirez la sobre élégance. Il se trouve des stylistes indépendants qui se font consulter contre rémunération à l'heure. Vous pouvez aussi demander conseil à celui ou celle qui a fière allure.

J'ai déjà eu pour collègue, au contentieux d'une grande société, une jeune femme qui s'habillait au travail comme si elle devait se rendre à un cocktail. Elle était si décorative avec ses robes excessives, ses bijoux d'or et de diamants; son maquillage était celui des grands soirs. Elle m'a confié un jour qu'elle se levait à 5 heures chaque matin pour peaufiner son *look*. (Quant à moi, deux heures de sommeil de plus font meilleur effet sur mon *look* que des diamants que je n'ai peut-être pas.) J'ai appris qu'elle tenait à son allure presque outrancière parce qu'elle voulait à tout prix faire comprendre à tout le personnel qu'elle était avocate, qu'elle se hissait ainsi au-dessus de tout le monde et imposait le respect. Je ne pense pas qu'elle ait compris la valeur de ce mot. On ne se hisse pas au-dessus des gens par le clinquant de ses vêtements. Faut-il étudier le droit pour manquer de ce qui constitue l'essence de la profession: le jugement?

Les cadres masculins devront s'abstenir de porter des accoutrements trop folkloriques comme les panoplies de cow-boy, à l'exception de la veste Mao qui est rigoureuse et peut aller bien aux jeunes cadres qui n'aiment pas la cravate. Mais pour éviter de se passer cette corde au cou, il faut soit être très riche, soit non conformiste, soit officiellement créatif. Le complet, la chemise et la cravate sont presque toujours de l'ordre des obligations. Entrez dans votre banque. Vous verrez tout de suite ceux qui sont promis à un embryon de carrière. Beaucoup de jeunes gens brillants sont réfractaires aux *musts* et portent allégrement un anneau à l'oreille, de grands gorilles roses sur le plastron et des chaussettes technicolor. Aussi talentueux qu'ils puissent être, ce n'est pas sur eux que se portera la confiance spontanée du client. Depuis le XIXe siècle, il semblerait que l'avenir appartient aux gens tristes. Être triste fait prendre au sérieux. Fantaisie va avec frivolité et on ne badine pas avec l'argent.

. Les hommes n'ont plus à se plaindre de la monotonie des vêtements que les créateurs mettent à leur disposition. Les matières, les coloris et les formes sont très nuancés. Les vestes de tweed doux, de serge fine ou de cachemire moelleux sont souples et élégantes et permettent des combinaisons raffinées avec pantalons, gilets et cravates dont le choix est infini. Pourquoi s'entêter alors à porter cet uniforme si uniforme que sont le blazer marine et le pantalon gris attachés à l'image du rond-de-cuir sans imagination? Un costume, s'il mérite d'être choisi, mérite aussi d'être d'une coupe impeccable. Un habit, c'est une seconde peau. L'homme qui réussit doit le montrer avec élégance. Les frères Goncourt disaient qu'après un habit mal fait, le manque de tact est ce qui nuit le plus dans le monde.

Accordez vos vêtements avec les saisons. Les sandales et les chemises polo au bureau ne vont pas avec l'hiver.

Les hommes n'arboreront pas trop de bijoux. Ils se limiteront à leur anneau de mariage, à une bague de collège, aux boutons de manchette, à une épingle à cravate et à une montre. Les chaînes, les gourmettes et les boucles d'oreilles ont rarement leur place au travail.

Les femmes ne devront pas étaler leurs bijoux mais en feront un usage discret.

Les hommes détacheront les boutons de leur veste une fois assis et ne porteront la chemise à manches courtes que sous la veste. Ils préféreront une chemise à manches longues qu'ils rouleront jusqu'aux coudes pendant l'été. Ils ne se présenteront jamais ainsi devant les visiteurs ou leurs supérieurs, mais se vêtiront alors de leur veste. Ils veilleront à porter des chaussettes longues afin d'éviter d'afficher une peau blême pas spécialement attirante et des poils follets pas tellement affriolants. Préférez nettement les chaussettes foncées marine, grises, noires, kaki ou brun foncé aux blanches, rouges ou limette phosphorescente. Les chaussures seront de cuir de bonne qualité. On évitera les chaussures de sport blanches ou à rayures multicolores. Le costume beige ou brun allant du chocolat au lait au caramel un peu mou convient à la profession mais pas aux réceptions.

Les femmes très élégantes s'habillent pour le travail de tailleurs qui sont de plus en plus confortables et beaux. Celles qui aiment et peuvent s'habiller de pantalon le porteront avec la veste-tailleur. La culotte de cheval supporte mal le pantalon et la femme de petite taille sera plus charmante en robe à petites impressions. Elle s'abstiendra de choisir des couleurs trop audacieuses, des vestes à très larges épaules et avec martingale ou ceinture large, les manteaux-housses, les talons aiguilles ou les chaussures très plates, et donnera sa préférence aux jupes étroites, aux vestes ajustées, aux chandails et chemisiers courts et aux motifs verticaux. La femme rondelette évitera les larges imprimés, les couleurs aiguës, le moulant et les crinolines, les shorts et les bermudas et adoptera la jupe droite, la veste trois-quarts, le t-shirt, le pull long et le noir.

Les grandes femmes à la taille fine peuvent (hélas!) tout se permettre. Et pour porter avec élégance un chapeau, il faut avoir... un cou.

Autant que possible, les hommes se soustrairont à la tentation de s'offrir des habits pastel, des chemises aux couleurs électriques et à motifs trop tapageurs; ils résisteront aux grands carreaux, aux chemises moulantes et aux pantalons étriqués. À mon avis, le violet, le mauve et le turquoise ne sont pas des couleurs flatteuses pour les hommes. Ils sont si beaux dans les tons sobres et exquis, dans des vastes t-shirts, des chandails enrobants et des vestes en matières voluptueuses.

En dehors des Italiens, les Suisses, femmes et hommes, sont certainement les cadres les plus élégants d'Europe. Comme leurs montres et leurs coucous, ils ont le mouvement qui sait faire avancer une veste ou une jupe. Le Suisse bien habillé sait faire coexister les tendances de la mode et il accepte que si la cravate ne fait plus le cadre, l'habit fait le p.-d.g. Comme en patinage artistique, il y a les figures imposées; le veston-cravate en est une et, heureusement, n'a plus rien d'une condamnation. Le costard de beau milieu de gamme, disons entre *sol* dièze et *si* bémol, offre d'innombrables variantes.

Les Anglais, en plus des Suisses, ont la tradition. Leurs tissus font partie des légendes et les mythes s'en sont enveloppés. Ils ont mis leur génie au service de l'élégance masculine en sachant harmoniser avec perfection la sobriété, la qualité et le confort. S'habiller britannique c'est savoir investir; c'est faire preuve de son savoir en valeurs sûres.

Ne recherchez pas l'allure *sexy*. Faites la différence entre le jour et le soir, le bureau et le cocktail mondain.

Harmonisez votre sac à vos chaussures et à votre vêtement. C'est à ses accessoires qu'on reconnaît une personne élégante. Un soulier doit être de bonne qualité et convenir à l'occasion pour laquelle il a été choisi. Pour le travail, il sera de forme classique en cuir ou en daim et le talon aura une hauteur confortable. Il sera toujours impeccable, parfaitement ciré et bien entretenu. On ne souffrira pas de talons éculés ni de pointes écorchées. Il n'y a que le soir où la chaussure fantaisie peut être portée comme l'escarpin de soie, de satin ou de chevreau doré ou encore la sandale haute avec incrustations.

La ceinture souligne la taille d'une femme et supporte le pantalon d'un homme. Dans les deux cas, elle sera d'excellente qualité. Si une femme n'a pas une taille de guêpe, elle devra renoncer à ce caprice.

Surtout, souvenez-vous que la véritable élégance ne se remarque pas. Soyez chic sans faire de bruit. Ne distrayez pas l'esprit ni ne dérangez la concentration de vos collègues.

Les vêtements de sport sont superbement coupés, d'une élégance très confortable et peuvent être assortis d'accessoires plus robustes. Encore là, il faudra faire preuve de discernement en sachant harmoniser vêtements et disciplines. On ne s'habille pas de la même manière pour le golf que pour la chasse; on est vêtu différemment sur un bateau et sur des skis. Ce qu'il est important de se rappeler, c'est d'éviter de se présenter au travail dans ces tenues, à moins qu'il ne l'exige, bien entendu.

Je ne connais pas de sociétés ou d'institutions offrant des produits ou des services à une clientèle qui devraient permettre le port du short ou du bermuda aux femmes et de la camisole ou de sous-vêtement quelconque aux hommes. Si, face aux gros clients, les employés doivent toujours faire des ronds de jambe, il n'est pas bon de trop les montrer. La clientèle va là où on la traite bien. L'allure nette et soignée commande le respect.

Les cheveux seront d'abord propres et leur coiffure sera adaptée à la personnalité de chacun. Elle permettra toutefois d'identifier une partie du visage, du regard au sourire. Les bons coiffeurs sont en nombre si florissant et leurs tarifs sont si raisonnables qu'il serait dommage de se priver de leurs conseils avisés. Les coiffures extravagantes et spectaculaires vont mieux aux gens du spectacle qu'au personnel administratif.

Mais il est une règle d'or qu'il faut à tout prix appliquer avant de suivre la mode: la propreté. Celle du corps, du visage, des oreilles, des cheveux, des ongles. Les cols ne seront pas douteux, les vêtements seront nets, la lingerie et les sous-vêtements seront frais, les boutons manquants ne seront pas remplacés par des épingles de sûreté, les ourlets bien cousus, les bas ni troués ni filés et les chaussures impeccables. Cette première politesse est celle qui vous revient d'abord puisque vous êtes la personne la plus importante au monde.

Le premier attribut de l'élégance est la sobriété naturelle. Savoir s'habiller est la plus délicate dimension du savoir être soi dans une souveraine aisance. Chanel disait qu'on peut imiter la simplicité, mais pas la copier. La simplicité étant la perfection.

AU SPECTACLE

Rideau!

Aller au théâtre, au ballet, à l'opéra ou au concert, c'est s'offrir une détente par le biais de la culture. Aller voir une pièce, c'est un peu partager la lumière avec les acteurs: pour eux, ce sont les feux de la rampe, pour nous les spectateurs, l'éclat d'une belle sortie. Aller au théâtre n'a pas le même sens que d'aller au cinéma. Le théâtre fournit l'art, le grand spectacle, la beauté du lieu, le lourd rideau de scène, la musique, l'orchestre et le parterre, l'entracte, les rencontres, les trois coups, le trac, l'élégance, les parures. Le cinéma laisse dans l'ombre, garde anonyme, ne réclame pas la grande élégance, respecte les états d'âme et offre en retour des bouleversements, des chocs et des émotions fugaces.

Ni le théâtre ni les concerts ne tolèrent les jeans troués, les casquettes à visière sur la nuque, les chaussures de tennis, le maïs soufflé, les canettes de soda, les bonbons enveloppés. Dans ces hauts lieux, le profane ne peut advenir que sur la scène.

Ces établissements disposent presque toujours d'un vestiaire et, au Canada, on a la chance de se faire offrir un sac de plastique pour y déposer ses bottes d'hiver. Avis aux personnes qui préfèrent garder leur manteau en salle: celui-ci ne devra pas encombrer les voisins et sera posé sur les genoux.

Par égard pour la dramaturgie, le ballet et la musique, on sera respectueux des horaires. Si la soirée est prévue pour 20 heures, on y sera un peu avant, afin de repérer sa place et de s'y trouver en temps. Les retardataires ne devront pas pénaliser ceux et celles qui se sont efforcés d'arriver à l'heure en dérangeant une demirangée qui se lèvera pour masquer ensuite la scène à ceux qui sont derrière. Ceux-là devront attendre l'entracte pour trouver leurs sièges. Nombreux sont les théâtres qui ont eu l'ingénieuse idée d'installer des écrans dans les foyers pour diffuser le spectacle qui se déroule en salle. Ceci, afin de ne pas faire manquer aux retardataires le développement de la pièce.

Lorsqu'on a repéré la rangée dans laquelle on a son siège, on se présente en bordure, on se fraye un chemin en évitant de piétiner les orteils des occupants, son visage faisant face aux personnes devant lesquelles on passe et non pas en leur offrant à contempler son dos et surtout la partie inférieure de son anatomie. On évoluera ainsi jusqu'à sa place en proposant au passage un sourire et un mot d'excuse.

La toux n'est sûrement pas un atout en cours d'expression de l'art. Les victimes de cet inévitable fait d'hiver opteront pour le foyer du théâtre afin d'y suivre la pièce et respecteront ceux qui, comme eux, vouent un culte à la beauté. Dégainer une pastille emprisonnée dans un cellophane grinçant et sucer des bonbons toute une soirée durant pour essayer de contrer une quinte entêtée ont de quoi horripiler un large auditoire.

Quel que soit le spectacle, on vous saura gré de ne pas étaler votre culture en fredonnant ou en battant la mesure des grands airs, qui ne sont pas joués à votre unique intention, ou en chuchotant des répliques célèbres d'une longue tirade en même temps que l'artiste, qui a peut-être plus de talent que vous pour ce faire. Il serait bon d'ajouter que les libres commentaires dirigés vers les personnes qui vous accompagnent ou les réflexions en l'air, le rire et les murmures de circonstance mis à part, ne sont pas indispensables au plaisir du public alentour.

En croisant ou en décroisant les jambes, il serait bon de veiller à ne pas assener le siège devant de coups de genou ou de pied qui pourraient donner à son occupant des chocs ou des vibrations dont il aimerait se passer.

Le seul moyen d'expression permis à un auditoire conquis est d'applaudir. Les artistes ne se lassent pas de cette forme de reconnaissance. Pourquoi les en priver? Que ce soit pour montrer votre admiration ou votre enthousiasme, battez des mains à tout rompre, c'est la seule récompense qu'un public puisse offrir au talent des comédiens, des danseurs, des chanteurs et des musiciens. N'en soyez pas avare, mais pas avant la fin de la représentation. Les artistes doivent faire passer le message, l'émotion, la dernière vibration d'une note jusqu'au bout. Les cris d'appréciation et les bravos sont en général lancés par les jeunes qui savent difficilement contenir leurs débordements.

Au sacro-saint nom de l'art, ne videz pas la salle avant la fin des ovations. Comme ce doit être choquant pour le chef d'orchestre et les concertistes de saluer une salle qui se vide de gens pressés et inquiets de rater le prochain métro. Ce comportement relève tout simplement de la goujaterie et a rarement été remarqué en Europe. Si les artistes ont la grâce de vous saluer pour vous remercier d'être là, soyez-y jusqu'au bout.

Quant au cinéma, pourquoi est-il obligatoire de s'y présenter avec l'inévitable et grinçant maïs soufflé et le glouglouttant soda dont on retrouve les tristes et sonores emballages sur un sol qu'on piétine à l'aveuglette, ce qui constitue un risque d'accident fâcheux. Pourquoi s'avachir sur les sièges en empruntant ceux de devant pour y étaler ses pieds nickelés? Pourquoi le jeune public impose-t-il aux plus âgés des remarques vulgaires ou obscènes et un spectacle débraillé à en pleurer? Pourquoi n'y aurait-il pas, dans les salles sombres propices aux épanchements intimes, des inspecteurs qui empêcheraient des gestes qu'on ne souhaite ni surprendre ni subir et qui portent souvent atteinte à une pudeur élémentaire n'ayant rien à voir avec le puritanisme? Il y a de moins en moins d'agrément et de plus en plus de danger à fréquenter les salles de cinéma, aujourd'hui. Qu'on nous délivre de ce mal!

Le comportement en public est toujours un lever de rideau sur l'éducation.

CHAPEAU!

Le comble du chic

Jusqu'à la dernière guerre, les élégantes ne concevaient pas une toilette sans chapeau. Comme elles avaient raison. Le mot *modiste* a presque disparu pour laisser place à *chapelière*, plus unisexe.

Les capelines, les bibis, les feutres, les cloches, les toques ou les turbans sont encore à mes yeux des attributs raffinés et pleins de charme. La tenue d'une femme paraîtra toujours parfaite si le chapeau en fait partie.

La voilette est un atour autant qu'un atout selon l'âge de celle qui s'en pare. Elle suggère le mystère et protège aussi les imperfections contre l'œil scrutateur.

Une femme portera le chapeau dans presque toutes les situations, même à un lunch, à la condition qu'il ne soit pas trop envahissant. Au spectacle, le chapeau n'est pas de mise, c'est-à-dire ni au cinéma, ni au théâtre, ni à l'opéra, ceci afin de ne pas empêcher les voisins derrière de voir la scène.

Il est recommandé d'en porter lors de la rencontre avec les dignitaires de l'Église, à un mariage, à un baptême et à un enterrement.

On s'en passera toutefois après 17 heures. Certains petits bibis fantaisie et adorables sont confectionnés dans le but d'être portés à un cocktail. Pourquoi pas? Ils pourront être minuscules, mignons, rutilants et très chics.

La femme élégante ne portera jamais un chapeau à un dîner ni à un bal. Ses cheveux seront son plus bel ornement.

Le couvre-chef, le haut-de-forme, le melon et le canotier, devenus rares, rendent certaines femmes nostalgiques. C'est souvent par cet accessoire qu'un homme pouvait exprimer sa galanterie et son élégance. Hélas! très peu d'hommes aujourd'hui les portent et s'ils savent les combiner avec leur costume ou leur manteau, ils en ont oublié le mode d'emploi.

Un homme chapeauté exprimera son respect ou sa politesse en soulevant brièvement son chapeau à la rencontre d'une personne qu'il connaît dans la rue, en guise de salut. Il le retirera en entrant dans une maison, un endroit public ou un lieu saint. Il s'empêchera à tout prix la goujaterie d'embrasser une femme le chapeau bien vissé sur le caillou.

Il en va de même pour les gants. Une femme dans la rue n'est pas tenue de retirer ses gants pour serrer la main de quelqu'un, sauf si la personne qui la lui tend est plus âgée et dégantée. Un homme enlèvera toujours ses gants pour serrer la main autant d'un homme que d'une femme.

Un grand coup de chapeau à celles et ceux qui bravent les modes en se couvrant le chef malgré tout.

TRANSPORTS, ZONE DE TURBULENCE

Étiquette aller-retour

Par un vent à découronner mes molaires, j'ai été témoin d'une scène qui, si j'ose dire, m'a renversée. À un carrefour de Montréal, un petit couple âgé, tout droit sorti d'un conte d'Alphonse Daudet, l'un s'agrippant à l'autre, tentait de traverser la rue dans un effort soutenu de ne pas tomber, de ne pas perdre son chapeau ni son partenaire. Lorsque les deux frêles personnes ont enfin atteint le trottoir opposé, le monsieur, victorieux comme Nelson à Trafalgar, a soulevé son chapeau en signe de reconnaissance à tous les automobilistes qui avaient attendu ce passage de la Berezina. Quelle n'a pas été ma stupeur de voir mon vis-a-vis retourner le compliment en levant furieusement le majeur de sa main droite. Ces deux minutes supplémentaires sur son horaire l'avaient sans doute courroucé. Mais où en sommes-nous?

Il n'avait pourtant été blessé ni à la cuisse, ni à l'improviste, ni dans son amour-propre.

VOITURE

Il existe pourtant un code de la route qui devrait autant préoccuper les automobilistes que les piétons. Mais il est aussi un sens civique, cousin de la courtoisie, qui semble avoir complètement disparu. Chauffeurs déchaînés, un volant n'est pas une mitrailleuse! Au nom de la logique, de la prudence et de la sécurité, apprenez non seulement à conduire, mais à vivre et à laisser vivre.

Dans la circulation dense, il est risqué de faire du slalom entre les voitures, d'imposer des queues de poisson, de klaxonner pour manifester ses humeurs ou pour réprimander celui qui est jugé trop lent, ou de permettre aux frustrés de se défouler. S'enfuir après avoir été l'auteur d'un accident est condamnable et peut coûter fort cher.

On veillera à ce que la voiture soit en parfait état mécanique et de propreté et on ne conduira jamais en état d'ébriété.

En général, les occupants d'une voiture s'entendent sur le choix d'un itinéraire et les fumeurs sacrifient à leurs habitudes par respect pour les autres dans un habitacle trop restreint pour ne pas gêner. On se concertera également pour baisser la vitre, à l'avant comme à l'arrière. On se mettra d'accord sur le volume de la radio et des cassettes. Le conducteur est celui qui aura le dernier mot; il est responsable de la sécurité et du confort de ses passagers. Il se gardera de ne pas conduire au-delà des limites de vitesse autorisées, ou de donner des sensations fortes en freinant brusquement et en effectuant des départs à la Challenger. Un chauffeur qui veut impressionner, en cette fin de siècle un peu désorganisée, se conforme au Code et exige de ses passagers qu'ils bouclent leur ceinture de sécurité.

Si navigateur il y a, il s'abstiendra de donner les indications routières sous forme d'ordres et de commenter incessamment la façon de conduire du chauffeur. On tâchera de ne pas succomber à la tentation de reprocher à son chauffeur de s'être trompé, même le cas échéant. «Mais je t'avais bien dit qu'il fallait prendre le virage à droite après l'église» est un exemple de phrase à ne pas exprimer. La concentration au volant doit être soutenue et les réactions du chauffeur, sous contrôle permanent.

Par considération pour les passagers, mais surtout par mesure de sécurité, les voitures rouleront la nuit autant que possible avec les phares code afin de ne pas éblouir les conducteurs de celles venant en sens inverse. On n'utilisera les phares que dans la rase campagne.

Sur l'autoroute, si on conduit lentement (et il n'y a pas de mal à cela), il faut choisir le côté droit et y rester.

En garant sa voiture, on pensera aux autres qui veulent en faire autant en ne s'appropriant pas trop de place.

TAXI, LIMOUSINE, VOITURE OFFICIELLE

Dans une voiture, la place d'honneur est à l'arrière à droite. C'est là que s'assoient notamment un monarque, un chef d'État et un ambassadeur.

Quand un couple monte dans un taxi garé le long du trottoir, l'homme y entre le premier par égard pour Madame, à qui il veut éviter de s'engager jusqu'au fond, gênée par une jupe trop étroite, un manteau ample, un chapeau, un sac à main, un bouquet de fleurs ou autres accessoires. Le prix à payer pour qui reçoit tant de courtoisie est de refermer soi-même la portière car rares sont les chauffeurs de taxi qui s'acquitteront de cette tâche. Ces gens ne se dérangent plus, même pour aider une femme qui transporte une valise en pleine tempête de neige. Ils craignent le froid et le vent et s'en protègent. Leurs muscles ne servent plus qu'à tenir le volant.

Une dame qui prend place dans une voiture s'assoira de côté, fera pivoter son corps en gardant les genoux ensemble et hissera ses jambes pour les installer devant elle.

Si un homme raccompagne une femme à son domicile, il sortira de sa voiture, ouvrira la portière, laissera la dame descendre et s'assurera qu'elle est bien rentrée dans son immeuble avant de démarrer.

Par temps de pluie ou de neige fondante, on évitera de conduire vite et trop près des trottoirs afin de ne pas éclabousser les piétons. Ceux-ci seront tenus de ne pas traverser la rue si le feu est rouge (tout le monde le sait, mais qui le fait?) Parfois, l'arrogance d'une telle action peut causer de regrettables et trop nombreux incidents.

Les insultes d'un chauffeur à un autre ou d'un piéton à un chauffeur sont, hélas, lancées très fréquemment mais n'en sont par moins aussi nuisibles qu'inutiles.

Imaginez, si toutes ces règles étaient respectées, comme notre société rivaliserait de gentillesse et de mieux-être.

AUTOBUS

Dans *Le Monde sans âme,* Daniel Rops a écrit:

«Il suffit de regarder aux heures d'affluence un wagon de transports en commun pour comprendre sans peine que ce n'est point vers la donnée de l'universel que se dirige notre civilisation, mais plutôt vers le concept barbare de la horde.»

Empruntons l'autobus. Est-ce trop demander que de dire bonjour au conducteur en montant et de le remercier en quittant? Je n'en ai pas encore vu qui ait mal pris la chose. Bien au contraire.

Si, au moment de monter, on aperçoit une personne qui accourt pour ne pas le manquer, il faut le mentionner au chauffeur pour qu'il attende.

Qui que l'on soit, homme ou femme, il est élémentaire de céder sa place aux vieillards, aux handicapés, aux femmes enceintes ou aux femmes accompagnées de très jeunes enfants. Jusqu'en 1960, ces règles n'étaient pas apprises dans un manuel de bienséance. Elles allaient de soi.

En autobus, le silence est de rigueur. On ne dérange pas la concentration du chauffeur en lui parlant, en faisant jouer son transistor à plein volume, et les conversations entre passagers doivent être discrètes.

MÉTRO

Dans le métro, on ne prendra pas ses aises en étirant ses jambes devant soi ou en posant ses pieds sur le siège avant. Si c'est dans l'espoir d'être remarqué, la personne qui agit ainsi atteint son but, mais mal.

Si on arrive près d'un wagon dont les portillons sont en train de se fermer, on n'entravera pas leur fermeture avec les mains ou les pieds. Non seulement cette façon de faire est-elle dangereuse pour l'intrépide, mais elle risque de détraquer le fonctionnement du système automatique.

TRAIN

Quand je regarde *Meurtre sur l'Orient Express,* je me demande dans quel siècle reculé se situe l'action. Il est malheureux que peu d'entre nous aient expérimenté le luxe, la propreté, l'hygiène, le *glamour* des trains d'une époque si peu lointaine. Quel contraste affligeant avec nos transports en commun contemporains!

À moins de jouer la scène d'Anna Karénine quittant le comte Vronski sur le quai de la gare, les séparations douloureuses et les effusions sentimentales en public sont gênantes.

Les hommes retirent leur chapeau en entrant dans la voiture d'un train et sont encouragés à aider les dames seules à monter leur bagage dans l'espace qui leur est réservé.

Si on apporte avec soi un goûter, on le mangera avec discrétion et on évitera le pique-nique encombrant composé de fromages puissants et de bouteilles de vin ou de bière.

Les parents prévoiront des jeux tranquilles, des cahiers à colorier, des livres ou des revues pour que les enfants ne s'impatientent pas et ne dérangent pas les autres passagers.

Si un voyageur souffre de la chaleur, est indisposé et désire ouvrir la fenêtre, il le fera après avoir obtenu l'assentiment de tous. Les fumeurs se tiendront dans le compartiment qui leur est réservé. On n'allongera pas les jambes sur la banquette devant soi et on évitera de retirer ses chaussures. Toutefois, on peut remplacer ses bottes de montagne ou ses chaussures de sport par des chaussures ou chaussons plus légers et confortables. Les décibels des baladeurs ne résonneront que dans les tympans auxquels ils sont destinés.

Dans un wagon-lit, on offrira à la personne plus âgée ou à une dame le choix de la couchette et on veillera à ne pas étaler ses affaires sur le sol. Au moment d'éteindre, on se souhaitera bonne nuit et, au réveil, on se dira bonjour.

Au wagon-restaurant, on attendra son tour pour être servi. Si le partage de la table se fait avec un passager inconnu, il est de mise de se présenter, et si l'on offre un verre de vin à l'autre il sera accepté avec gentillesse. La réciprocité du geste est encouragée.

AVION

Même si emprunter l'avion représente de plus en plus d'incommodité, la tenue vestimentaire sera soignée et confortable. Les mises débraillées et imprégnées d'odeurs gênantes et tenaces rendent les passagers hostiles et la durée du voyage interminable et franchement insupportable. Savoir représenter son pays commence à l'embarquement et au guichet des douanes. Il faut savoir tenir le drapeau haut. Combien de peuples entiers sont représentés dans un seul groupe de personnes qui se comportent partout comme en pays conquis?

Au lieu de traîner ses bagages dans des cartons ficelés ou de grands sacs de plastique, il est de bon ton et infiniment plus pratique de renfermer ses effets personnels dans une valise ou un sac de voyage de bonne qualité.

Prendre avec soi en cabine le moins de bagages possible pour ne pas encombrer l'espace déjà restreint et ainsi obstruer l'espace vital des voisins. Bien sûr, les mamans accompagnées de leur progéniture ont le privilège d'un excédent bien justifié et veilleront à ce qu'elle ne coure pas dans l'allée et ne dérange pas le service des hôtesses, des *stewards* et tout simplement le confort des passagers. Les parents penseront à fournir à leurs enfants de quoi les occuper tout au long du voyage. Les couches du bébé ne seront pas changées sur le siège du voisin mais bien à la place de l'enfant ou dans les toilettes. Au décollage et à l'atterrissage, le changement d'altitude peut provoquer de vives otalgies chez les jeunes enfants, qui ne peuvent s'empêcher de pousser des cris stridents. Prévoir des tétines, des biberons ou des bonbons qui, lorsque les petits les sucent, apaisent considérablement leurs douleurs passagères.

Si on ne désire pas entreprendre une conversation, on le fera facilement savoir en entamant la lecture d'un livre ou d'un journal. Certaines personnes inquiètes ou angoissées par le vol deviennent d'intarissables bavardes. Dans certains cas, il se pourrait qu'une attention aimable et quelques paroles réconfortantes leur apportent calme et assurance. Si rien ne devait y faire, avoir recours à de l'assistance en tirant sur le bouton de service.

On tâchera de s'entendre avec le voisin derrière pour faire basculer son siège. Quoi de plus irritant que de voir son plateau-repas soudainement ailleurs et peut-être renversé à cause de ce manque de considération.

Chacun contribuera à ce que les toilettes restent dans un état de parfaite propreté. Sur les longs courriers, cet état de fait requiert une attention constante de la part de tous.

En quittant l'appareil, s'assurer de laisser sa place dans les meilleures conditions possibles. Rendre couverture et accessoires, ranger journaux, revues et emballages de nourriture ensemble dans la pochette du siège avant. Sourire et remercier l'équipage qui se tient sur le seuil de l'avion en prenant congé. Féliciter le capitaine pour son excellente performance de vol, s'il est visible et si c'est le cas.

Comme elle est loin l'époque où voyager en avion était un luxe!

BATEAU

La croisière reste le seul moyen de satisfaire le voyageur en mal de romantisme ou d'évasion. C'est à peu près la seule façon de voyager vaguement, si j'ose dire, presque sans but.

On prend souvent le bateau pour échapper à une société qui ne sait plus vivre, pour se refaire une vision bleue d'une existence entre ciel et mer. Courtoises gens, restez-le et partagez avec bonheur et gentillesse table, cabine, bonne humeur, divertissements et l'air du temps.

En cabine, être discret, décent et délicat. Trois règles d'or pour réussir sa croisière. Ne pas s'immiscer dans la vie, le passé ou les pensées de quelqu'un du simple fait qu'il partage votre habitacle. Ne pas semer sa nudité à tout vent. Doser sa présence et son absence.

La vie sur un paquebot est synonyme de vacances luxueuses dans une société hétérogène visant le même objectif: s'amuser et se cultiver. Les taciturnes, les arrogants, les dédaigneux et les ténébreux n'ont par leur place à bord et sont priés de ne pas gâter par leur présence le raffinement, l'élégance, le rêve dont on veut s'envelopper.

Les premier et dernier soirs de croisière ne permettent pas les tenues de soirée.

Et franchement, de bouche à oreille, un conseil: vaut mieux s'y trouver seul que mal accompagné.

P.-S. Excusez-moi! Vous ne donnez rien pour le service?

LES POIDS LOURDS POUR LA FIN

Que l'anecdote me vienne en aide pour en parler et clore ce chapitre avec couleurs.

On rapporte que dans une capitale sud-américaine, un chauffeur d'autobus et un camionneur s'étant mutuellement traités de crétins ont décidé de se battre à bord de leurs mastodontes transformés pour la circonstance en palefrois de tournoi.

Ils se chargeaient comme des taureaux. Et pan! dans le pare-chocs... Et boum! dans l'aile... Et badaboum! dans la portière...

Tandis que les conducteurs, grimaçants de fureur, sautaient dans leurs véhicules comme crêpes en poêle, les étincelles et le tonnerre jaillissaient de leurs ferrailles bouillantes.

À ce train (toujours dans le transport) d'enfer, les machines se sont bientôt désagrégées. De bosse en déchirure, d'aile pendouillante en glace pulvérisée, de pneu éclaté en réservoir crevé, elles ont rendu l'âme dans des éructations navrantes, au milieu d'une nuée de spectateurs enthousiasmés et de policiers. Ces derniers étaient d'autant plus nerveux de la trique que chacun d'eux avait failli se faire écraser dix fois en tentant d'arrêter le massacre.

Proprement anesthésiés au gourdin, les deux duellistes reposèrent bientôt à l'hôpital. La prison devait suivre, mais, comme l'ont dit les deux champions, l'honneur était sauf, ce qui leur paraissait le principal.

Cette histoire n'est pas élucubration farfelue cogitée à l'occasion d'une insolation et sortie toute fumante de mon crâne; elle est aventurette véritable et qui montre combien les coups sont recherchés par l'être humain ou lui tombent dessus de façon inattendue.

Et moi qui me tue à vous dire que l'étiquette fait beaucoup moins mal et laisse toujours l'honneur sauf...

FAIR-PLAY AU SPORT

To win or not to win!

«Le sport est l'art par lequel l'homme se libère de soi-même» (Giraudoux). En observant le jogger, ce Tarzan du week-end, il me vient à l'esprit qu'il se libère encore plus de ses toxines. Le sport est une activité aujourd'hui reconnue nécessaire pour le développement du corps et l'équilibre de l'esprit. Sous l'Empire romain aussi: *Mens sana in corpore sano.* La différence d'ères est marquée par le vice de l'argent (et je ne parle pas encore de médaille) qui s'en est mêlé et qui a entaché la souveraine grandeur du sport par un péché qui n'avait rien d'originel.

Il faudrait remercier les Anglais d'avoir compris l'importance du sport et de l'avoir inclus dans les programmes scolaires. Ils ont soutenu les traditions olympiques qui servaient l'esprit du jeu par la compétition et la contrainte de l'effort par l'entraînement. Il est malheureux que le sport ait subi une détérioration morale à cause des aspects mercantiles envahissants auxquels il est étroitement ligoté.

Les sportifs professionnels conservent encore l'ambition d'atteindre les sommets de leur art grâce au développement de leur corps, à la considération qu'ils vouent autant à leur équipe qu'à celle adverse et à une morale musclée que stimulent les clubs, les associations, les grands concours ou les compétitions internationales et les prix. Le sport a cette dimension universelle unique d'être à la portée de toutes les nations et de servir de trait d'union entre toutes les classes, privilégiées ou défavorisées, de nos sociétés.

L'envers de la médaille (elle me poursuit) est représenté par le danger de succomber à la perversité qu'exercent le désir démesuré de vaincre, le chauvinisme, le fanatisme et l'hostilité envers le camp rival.

Le sport a ceci de revigorant pour l'esprit qu'il offre la possibilité non seulement au meilleur de gagner mais de voir ce vainqueur être vaincu à son tour. En ce domaine, les lauriers ont une vie extrêmement fugace, et mieux vaut ne pas songer se reposer sur eux trop longtemps car tout est à recommencer. Que le meilleur gagne!

Pour conserver le bon équilibre de l'esprit d'équipe, il est vital de cultiver le *fair-play*, qui prend son sens dans la loyauté au jeu. Ses règles sont empruntées à l'éthique, qui commande non seulement de les appliquer consciencieusement mais également d'en comprendre toute la signification.

Être *fair-play*, c'est être aussi bien préparé à la victoire qu'à la défaite et savoir accepter les deux avec la même courtoisie et le même esprit de compétition. Le participant est tenu d'adopter une attitude franche et de s'incliner devant les décisions de l'arbitre sans les contester ni les critiquer. Le franc-jeu dicte au vainqueur la courtoisie envers le vaincu et offre à celui-ci la chance d'une revanche lors d'une nouvelle rencontre; au vaincu de saluer la victoire de son adversaire en le félicitant, en lui serrant la main et en acceptant de boire la chopine après le match. Le franc-jeu impose l'esprit de solidarité entre les joueurs, qui partagent tous la même passion pour le sport. Dans une équipe, on n'accusera personne d'une défaite et on ne se prévaudra pas d'avoir fait gagner son équipe non plus. Un grand champion se reconnaît à la sobriété de son allégresse, à la modestie de son appréciation à l'égard de sa victoire et à la reconnaissance du talent de son rival. Quel spectacle grandiose de voir Björn Borg remporter la coupe de Wimbledon pendant cinq années consécutives et celle de Roland-Garros, six fois. Son enthousiasme et son bonheur étaient éclatants mais superbement mesurés. Est-ce à force de répétitions qu'il a aussi appris à gagner avec le style d'un dieu? Le monde entier a été reconnaissant d'avoir pu admirer et son talent et sa dignité tout comme ceux de sa collègue Chris Evert. Des moments magiques de l'histoire du grand tennis. Quelle différence avec ce doué de la raquette McEnroe alias Génie de la colère!

La personne qui s'adonne aux sports verra à procurer à son corps des soins d'hygiène stricts et à son équipement et ses uniformes de compétition une ordonnance rigoureuse.

On initiera un nouveau partenaire sur son degré de compétence et on ne mentionnera que les réalités positives de l'équipe. Il serait contraire aux règles du franc-jeu de calomnier les autres joueurs ou de ridiculiser la faiblesse d'un partenaire. On ne se moque pas et ne s'impatiente pas devant un joueur moins doué que soi.

Les terrains de sport sont unisexes et ne doivent pas servir à draguer ni à afficher ses préférences. Les femmes n'acceptent pas que les hommes portent leurs skis, ramassent leurs balles de tennis ou s'occupent de leur attirail.

On poussera le *fair-play* jusqu'à ne pas siffler l'équipe perdante et les violences ne seront jamais manifestées ni par le geste ni par le verbe.

GOLF

À mon très grand étonnement, j'apprends à l'instant d'où vient le mot *golf*. Il semblerait qu'il soit un sigle des mots suivants: *Gentlemen Only - Ladies Forbidden*. Qui l'eût cru? Est-ce pour des raisons de traditions que certains clubs s'entêtent à tenir l'accès au *membership* totalement hermétique aux femmes? *Shocking*! Ou est-ce parce que les hommes ne veulent plus capituler devant l'appétit vorace des femmes à vouloir se mesurer à eux?

Depuis une quinzaine d'années, le golf n'est plus un sport réservé à une classe privilégiée, mais les règles du *fair-play* y sont encore scrupuleusement observées:

— être silencieux et s'éloigner d'un joueur qui se prépare à jouer;

— si un joueur abîme le green, il se doit de le réparer;

— le green est immédiatement laissé aux autres joueurs après qu'on ait joué son coup;

— on ramasse ses balles après que le groupe ait terminé de jouer;

— accepter qu'une balle soit perdue et ne pas faire perdre du temps à tout le groupe pour la retrouver;

— au golf, on s'habille de bermuda (2 pouces maximum au-dessus du genou), pantalon de golf, jupe trois quarts, jupe-culotte, chaussures de golf et visière ou casquette. On conteste énergiquement le port sur le terrain de jeans, même blancs.

TENNIS

À la fin d'un match, les joueurs se serrent la main. Les décisions de l'arbitre seront toujours respectées.

Les spectateurs n'expriment pas leur colère et ne lancent pas d'insulte si leur idole n'a pas réussi des échanges specta-culaires ou gagnants, mais applaudissent les coups d'éclat.

Les joueurs sont vêtus de short et de chemisette de coton ou de t-shirt. Leurs cheveux peuvent être enserrés par un bandeau ou une casquette et les chaussures sont réglementaires.

SKI

Ce sport peut être pratiqué en solitaire ou en compétition.

La règle élémentaire à suivre est la sécurité autant sur les pentes que sur les remonte-pentes. On ne se tient pas trop près l'un de l'autre et, si on double un skieur, ce sera à une bonne distance afin de ne pas le surprendre ou l'effaroucher.

S'il n'y a pas de remonte-pente, on remontera en bordure de piste.

Les signaux et les balises doivent être respectés. Les débutants et les amateurs choisissent une pente à la mesure de leur capacité et n'encombrent pas celle des skieurs chevronnés.

Les vêtements de ski sont si bien adaptés. Ils sont légers, chauds, confortables et leurs coloris ravissants. Attention de ne pas porter de blanc sur la neige. Pour des raisons de sécurité, tous les skieurs doivent être repérables. *To be rather than not to be.*

NAUTISME À LA VOILE – COURSE EN SOLITAIRE

De toutes les compétitions, c'est celle contre soi-même qui exige le plus de discipline. Une traversée en solitaire sur un voilier, est-ce imaginable? L'ego d'ordinaire manifeste devient là le grand invisible. Il surgit *in extremis* sur la crête d'un danger. La personne qui se mesure à elle-même n'a pas trouvé plus redoutable rival. En plus de la voile sur la barque, équipez-vous de passion flottante, d'imagination de premiers secours, et surtout oubliez l'idée saugrenue de garder les pieds sur terre. Abandonnez votre innocence sur le quai, laissez votre chaumière en ordre et vos amis conventionellement émus. Surtout, ne permettez aucune fissure à votre voilier ni au fondement de votre vie car en mer l'âme devient perméable et peut prendre l'eau, comme les bateaux.

LA VOIX DE SON MAÎTRE

Reliefs sonores

Pour qui se mouche du revers de la manche, éternue à se faire jaillir la cervelle, a le hoquet rythmique, le rot surprenant et la toux menaçante, il y a d'abord le mouchoir. Toutes ces manifestations caractéristiques du corps et leurs expressions sont inévitables. Elles entraînent souvent le soulagement de soi-même, rarement celui des autres.

Il est tout à fait naturel que le corps s'exprime par des fonctions bien déterminées et chacune d'entre elles est reconnaissable à son bruitage bien personnel. Le son produit par un éternuement n'est pas apparenté à celui de la toux ou du hoquet. S'il dérange, c'est moins par l'étonnement que par la surprise. Subtile différence.

Se moucher est un geste quotidien qui est même encouragé, à la condition qu'il soit effectué dans un mouchoir et non pas dans une serviette de table même en papier. (Pas de hauts cris! Je l'ai vu faire par une des plus vénérables dames de notre société.) Après s'être mouché, il conviendra de retourner le mouchoir dans sa poche ou dans son sac sans chercher à analyser ce qui s'y trouve. On ne cherchera pas non plus à le refermer dans ses plis.

À table, on ne se mouchera pas au-dessus des assiettes. On se tournera légèrement de côté tout en regardant le plancher. Si on pressent l'éternuement, on se saisira de sa serviette de table, qu'on utilisera comme écran à son visage tourné en retrait. On prendra le mouchoir de son sac ou de sa poche et on s'appliquera au grand nettoyage derrière l'écran. Aucun convive à table ne fera preuve de bienveillance si cette décence n'est pas appliquée. On s'excuse ensuite.

Cependant, un plus grand effort est requis pour contrôler la toux et l'expectoration, qui ont toute la sympathie des témoins qui seraient reconnaissants d'être épargnés. Un mouchoir, un *kleenex* ou au moins la main devrait couvrir la bouche afin d'éviter aux personnes autour d'être exposées au risque d'infection ou d'attraper des symptômes fâcheux. La tentative d'expectorer à grand renfort de raclage de gorge appelle une retraite provisoire dans l'intimité de la salle de bains. Pour soulager une quinte de toux, un verre d'eau peut être salvateur. À quelqu'un en lutte sérieuse avec une quinte, on portera assistance, naturellement. On ne pensera pas à faire subir le désagrément de sa toux à une large audience de concert, d'opéra ou de théâtre.

On ne crache pas par terre, même dehors sur le trottoir en public. On se servira du mouchoir, un attribut de moins en moins courant.

On bâille la main sur la bouche et ce mouvement d'ennui ne mérite pas d'être accompagné d'un bêlement improductif.

Les gargouillements d'estomac ne peuvent absolument pas être dominés. On offrira une bouchée à cette personne aux prises avec son abstinence.

Le hoquet bien involontaire est trop distrayant pour être manifesté à table, qu'il faudra quitter en s'excusant entre deux poussées.

Roter est proscrit en Occident et son bruit est très disgracieux. Si on est surpris par un rot, la courtoisie exige de s'excuser.

Oserai-je parler du dernier, celui dont on se demande s'il faut le taire ou l'exprimer? Pourquoi pas? Le pet, puisqu'il faut l'appeler par son nom, qu'il soit sournois ou furibond, reste toujours infâme. Si on pressent son éruption, il vaudra mieux se mettre à l'écart d'un groupe; si le temps manquait, la civilité commande de s'excuser très brièvement. Grâce à la *Civilité* de Jean Sulpice (1555) proposée par M. F. Lecherbonnier, veuillez trouver ci-après le meilleur mode d'emploi concernant les flatuosités:

«Si de roter te venoit appétit
Ferme ta bouche et te tourne un petit
Faisant couler ce vent ord et nuisible
À peu de bruit, ou nul, s'il est possible. (...)
Mais de péter garde qu'il ne t'échappe.
Retiens ce vent et en dedans l'attrape.
Ferme le trou: Joins les fesses ensemble,
Et serre fort, encores qu'il te semble
Que la douleur te deust tant tormenter
Comme une femme approchant d'enfanter:
Car pour un pet ord, puant et infâme
Fait à table, il n'est homme ne femme
Qui ne te dist que tu es à outrance
L'un des plus grands archevilains de France.»

Érasme devait être plus indulgent. Il encourageait de s'écarter de la compagnie et de couvrir la trame sonore d'une toux soudaine.

Au choix!

SAVOIR VIVRE À L'ÉTRANGER

Et Dieu créa le monde. Parlez-vous swahili?

Lorsqu'on quitte son pays, il faut s'y préparer, non seulement en réservant sa place sur un train ou un avion ou en prenant soin de faire valider son passeport ou ses visas, mais en sachant vraiment où on va. S'aventurer vers l'inconnu, c'est apprendre à voyager. Pour réussir ses voyages, ses croisières, ses vacances à l'étranger, il est primordial de s'enquérir de la culture du peuple qu'on va rencontrer et des règles du pays qu'on veut découvrir.

Un condensé d'histoire et de géographie est tout à fait indiqué pour entamer ce processus. Soyez curieux de savoir ce qui fait plaisir et aussi ce qui cause du déplaisir aux personnes nouvelles chez qui vous vous rendez. Il est indispensable de savoir ce qu'il est convenu de faire et de dire à ceux qui vous offrent l'hospitalité.

Avec un Arménien, évitez d'aborder le thème de la Turquie. Comme disait le fils d'un dirigeant soviétique, ne parlez pas de communisme en Espagne car c'est le seul pays (selon lui) où les communistes ont été malheureux. En Grèce, où on est fier de vous offrir le café local, ne le comparez pas à celui des Turcs; leur relation n'est pas tendre. En Australie, pour signifier que tout va bien, évitez de lever le pouce en l'air, ce qui est interprété comme un geste obscène. Au Brésil, en Grèce et dans l'ex-URSS, le zéro formé du pouce et de l'index pour donner le feu vert pourrait vous valoir chez eux de très défavorables réactions. En Chine, il ne faudra jamais laisser de pourboire (au moins jusqu'à ce jour) et à Taiwan, vous remercierez pour un bon repas en tapotant les doigts sur la table. Au Mexique, si vous offrez des fleurs, veillez à les choisir de couleur blanche, symbole international de la pureté et de la paix. Aux Pays-Bas, ne refusez jamais un verre, classique préambule à toute négociation. Au Japon, lorsque vous réglez l'addition au restaurant, assurez-vous d'enfermer votre pourboire en monnaie locale dans une enveloppe décorative que vous tendrez au maître d'hôtel, qui le distribuera au personnel qui vous aura servi. En Inde, au moment de rencontrer votre hôte, prenez soin de joindre les paumes de vos mains devant votre poitrine et d'incliner la tête.

Dans les pays du Maghreb et dans les Émirats, évitez à tout prix de vous servir de votre main gauche, que ce soit pour accepter ce qu'on vous offre ou pour porter à votre bouche de la nourriture. Si vous êtes un invité d'honneur, il se peut que l'hôte vous offre l'œil de l'agneau cuit en méchoui. Ne devenez pas spastique et ne roulez pas de l'œil (le vôtre). Ce geste est un signe de générosité et de grande considération. Portez-le à la bouche et suçotez-le avant de le retourner dans votre assiette. Montrer la semelle de ses chaussures est considéré comme un acte avilissant.

En Scandinavie, l'invité d'honneur s'assoit à la gauche de l'hôtesse et il est mal vu de boire avant d'y avoir été invité par l'hôte par un *skål* qui entraîne tous les convives dans une joyeuse ambiance. Grâce à ce toast, la communication s'établit très rapidement, efficacement et avec bonheur. Au moment où le maître de céans propose un *skål*, chaque convive lève son verre, regarde droit dans les yeux les maîtres de maison, leur sourit en inclinant légèrement la tête, et tout le monde lance un *skål* à la volée et boit. Au Koweit, au moment du café, il faudra boire deux tasses de la main droite et refuser la troisième en la secouant légèrement avant de la rendre au serveur. En Grande-Bretagne, on prend le *breakfast* dans la salle à manger de l'hôtel, coiffé et habillé, jamais en robe de chambre. Le porto est servi avec le délicieux fromage Stilton. Ne quittez jamais trop tard vos hôtes. Vingt-trois heures est le moment opportun de dire au revoir. En France, les hôtes président au centre de la table et non pas aux deux bouts, comme dans le reste de l'Occident. Les couverts seront retournés, à l'inverse de chez nous, car c'est sur ce côté que sont gravés monogrammes, logos ou armoiries.

Au Québec, on soupe vers 19 heures et très souvent les époux ne se séparent pas à table. On s'interpelle souvent par son prénom et on se tutoie rapidement. Les joyeuses parties de sucre d'érable au printemps et les dégustations de maïs (épluchettes de blé d'Inde) sont très pittoresques et appréciées des visiteurs. Si on vous propose «de la fesse en can», n'hésitez pas à dire oui car il s'agit de délicieux jambon, tout simplement. Jean Seisser note, dans son *Petit manuel à l'usage des Français qui ne comprennent vraiment rien aux étrangers*, que le Québécois se retrouve avec amis et voisins après le souper pour passer «la veillée» tout en buvant bière et alcool blanc, en regardant la télé et rigolant, en jouant de la cuiller ou de la musique à bouche. Il ajoute aussi que les fins de soirée ont tendance à devenir vulgaires.

Les immigrants, les réfugiés politiques et toute personne mandatée à l'étranger devraient se souvenir qu'ils sont dans un pays hospitalier et qu'il est fort inconvenant de le critiquer ouvertement et souvent violemment et de parler avec mépris de ses habitants. À retenir surtout: L'étiquette n'est pas un dogme, mais l'expression d'une longue culture qu'il faut respecter et ne jamais juger.

La politesse, c'est la tolérance universelle.

SAVOIR DIRE MERCI

Un tonus tonique

Le mot *merci* est-il tombé en désuétude? La reconnaissance est-elle un faux sentiment? Jean-Jacques Rousseau était-il trop stoïque quand il avançait: «La reconnaissance est bien un devoir qu'il faut rendre, mais non pas un droit qu'on puisse exiger»? S'il a raison, et je crois que oui, qu'attend-on pour lui dire merci?

Merci: un mot solaire, réparateur, charmant, encourageant, un mot qui glisse, sain, court et pas fatigant. Qu'attend-on pour le dire?

Merci: un tampon, un baume, un calmant, un bandage, une douceur, une gâterie, un câlin, du miel. Pourquoi si peu le dire?

Merci: un sourire, un clin d'œil, une embrassade, un saut de joie, un éclat de rire, une chanson. Est-on prêt à le dire?

Merci: une magie, une brillance, une impulsion, une joie, un cri, une allégresse. Étrange de ne pas le dire!

Merci: un mot si géant, si grandiose, si majestueux. Pourquoi se priver de le dire?

Merci: une ferveur, une prière, une supplique, un beau regard, une main sur l'épaule, un peu d'amour. C'est presque dit.

Oui, *merci* de m'avoir lue!

Table des matières